HOOOKED
SÜCHTIG NACH HÄKELN UND STRICKEN

Geesje Mosies und Kim Poelwijk

Tirion Creatief

IMPRESSUM

Herausgeber:	Tirion Uitgevers Postbus 13288 3507 LG Utrecht www.tirion.nl
Umschlagentwurf:	Marlies Visser
Gestaltung Inhalt:	Martine Bouwman, www.id-foryou.nl
Fotografie:	Esther Befort, www.sterstijl.nl Foto psychedelisches Häkelkissen: Kim Poelwijk
Redaktion:	Marjoke Kuipers
ISBN	978 90 4391 595 3

Wir danken: Den Modellen Denise Qualm und Noortje Fernandes und den Kindern: Sanne, Robin, Floortje, Quinten und Rafael; den Strickexperten Marion Bouthoorn und Jolanda Overgauw, sowie dem Kameramann Koen Leerink.

INHALTSANGABE

EINLEITUNG

Nachdem die Bücher von Hoooked über die verschiedenen Grundtechniken des Häkelns und Knüpfens mit Zpagetti erschienen waren, haben Kim von Echtstudio und ich uns auf die wunderbare Welt des Strickens gestürzt. Der größte Unterschied ist offensichtlich: Zum Stricken benötigt man zwei Nadeln statt einer! In den ersten Minuten hatte ich, ehrlich gesagt, ziemlich viel Mühe mit dem Stricken. Glücklicherweise ist Kim mit einer großen Portion Geduld und einer natürlichen Autorität gesegnet: Unter ihrer Leitung verbesserte sich meine Auge-Hand-Koordination zusehends. Und dann wurde mir klar, dass Stricken im Grunde genauso einfach ist wie Häkeln. Das war der Anfang unserer neuen Kreativ-Sucht!

Einfach losstricken

In diesem Buch möchten wir Ihnen zuerst auf eine einfache Art die Grundtechnik des Strickens beibringen. Genau wie wir das ja auch in unseren Hoooked-Büchern getan haben. Wir haben uns dafür entschieden, nur die allerwichtigsten Informationen zu vermitteln, damit Sie schnell loslegen können. Außerdem haben wir versucht, Fachjargon soweit möglich zu vermeiden. Das bedeutet, dass wir unter den vielen Techniken und Möglichkeiten auf dem Gebiet des Strickens eine Auswahl getroffen haben. Es sind ja bereits viele dicke Strickbücher erhältlich. Unser Ziel ist aber, dass Sie als unser Leser mit viel Freude diese Herausforderung in Angriff nehmen und (genau wie wir auch) ohne jegliche Vorkenntnisse und natürlich mit viel Spaß einfach losstricken können.

Häkeln für Fortgeschrittene

Natürlich konnten wir es nicht lassen, auch ein paar Häkelprojekte in unser Buch aufzunehmen: Wir sind nicht umsonst „Hoooked". Bei den Häkelprojekten gehen wir allerdings von den Grundkenntnissen des Häkelns aus, die in den anderen Büchern vermittelt wurden. Damit möchten wir auch den Häkelfans unter unseren Lesern mit trendigen Kreationen neue Herausforderungen für ihre Häkelnadel anbieten. Nach Rücksprache mit dem Verlag haben wir uns dafür entschieden, im hinteren Teil des Buchs auch die Grundlagen des Häkelns zu erklären.

Abbildungen und Videos

In diesem Buch sind außerdem an verschiedenen Stellen sogenannte QR-Codes abgedruckt. Mit einem Smartphone oder Tablet können Sie diese Codes scannen. Damit können Sie sich zusätzlich zur schriftlichen Anleitung auch Videos im Internet anschauen, in denen die Herstellung verschiedener Maschen und Muster Schritt für Schritt gezeigt wird. Wir halten dies für eine wertvolle Ergänzung zu unserem Buch und sind sehr stolz auf unsere Videos.

RIBBONXL

Hoooked setzt sich für eine geschmackvolle und kreative Wiederverwendung von Restmaterial ein.
Alle Handarbeiten in diesem Buch wurden aus RibbonXL, dem neuen XL-Recycle-Garn von Hoooked hergestellt. RibbonXL bietet aufgrund leichterer Struktur, gleichmäßiger Garnstärke und feststehender Farbauswahl neue kreative Möglichkeiten. Ein weiterer großer Vorteil von RibbonXL: Im Gegensatz zu vielen Wollarten kratzt es nicht und kann es gut in der Waschmaschine gewaschen werden. Für uns war es auch wichtig, Muster mit genauer Maßangabe und Maschenanzahl anbieten zu können. Auf unseren Foren gibt es nämlich eine große Nachfrage nach solchen Mustern.
Wir wünschen Ihnen allen viel Spaß beim Lesen und Anschauen und hoffen, Ihre Handarbeiten wieder bei uns auf Facebook und Hyves bewundern zu können!

Geesje Mosies   Kim Poelwijk

SCHALS UND MÜTZEN FÜR ALLE

Einleitung

Im Grunde führt kein Weg dran vorbei: Wer mit dem Stricken anfängt, strickt zuerst einen Schal. Das ist ein übersichtliches Projekt, bei dem man die verschiedenen Maschen einfach ausprobieren kann. Außerdem ist so ein Schal ja auch noch praktisch bei dem Wind, der oft in den Niederlanden herrscht. Sobald der Schal fertig ist, kann er sofort benutzt werden! Und wenn Sie schon mal dabei sind, stricken Sie doch gleich eine Mütze dazu. Wir sind ja sowieso schon mit Stricken beschäftigt. Durch die elastischen Eigenschaften von RibbonXL sind diese Strickmuster sowohl zum Warmhalten von jüngeren Kindern als auch für Teenager geeignet.

Anleitung

Durch die verschiedenen Strickmaschen bekommt jede Mütze eine andere Ausstrahlung, während das Grundmuster im Großen und Ganzen gleich bleibt. Sie fangen im Bündchenmuster mit dem Umschlag an und machen danach mit den Maschen Ihrer Wahl weiter. Die Mütze ist einfach zu stricken und eignet sich hervorragend für Anfänger: Sie stricken ein Rechteck, das am oberen Rand zugezogen und an den Seiten mit einem Schlingstich miteinander verbunden wird. Im Kapitel Grundlagen des Strickens (ab Seite 51) finden Sie die Anleitung für die verschiedenen Maschen.

SCHALS

Material

- 1 Knäuel RibbonXL
- Stricknadeln Nr. 12

Größe

Der Schal ist ca. 170 cm lang und 15 cm breit. Sie können den Schal größer machen, indem Sie mehr Maschen anschlagen und eventuell länger weiterstricken.

1. Schritt: Maschenanschlag

15 Maschen anschlagen. Anleitung für den Maschenanschlag siehe Seite 52.

2. Schritt: Wählen Sie Ihr Lieblingsmuster

Violetter Schal im Bündchenmuster

So stricken Sie ein Rechteck im Bündchenmuster: Im Wechsel 1 Masche rechts, 1 Masche links stricken, bis das Knäuel aufgebraucht ist. Anleitung und Video siehe Seite 55.

Blauer Schal im Perlmuster

So stricken Sie ein Rechteck im Perlmuster: Im Wechsel 1 Masche rechts, 1 Masche links stricken; in jeder Reihe die Reihenfolge der Maschen umdrehen, bis das Knäuel aufgebraucht ist. Anleitung siehe Seite 61.

Grauer Schal im Schachbrettmuster

So stricken Sie ein Rechteck im Schachbrettmuster: Abwechselnd 3 Maschen rechts, 3 links, Reihenfolge immer nach 3 Reihen umdrehen, bis das Knäuel aufgebraucht ist. Anleitung zu diesem Muster siehe Seite 58.

Graugrüner Schal im Reliefmuster

So stricken Sie ein Rechteck im Reliefmuster: Erste Reihe rechte Maschen stricken; nächste Reihe im Wechsel 1 Masche rechts, 1 Masche abheben (wie zum Linksstricken einstechen), Faden liegt hinter der Strickarbeit. In dieser Weise fortfahren, bis das Knäuel aufgebraucht ist. Anleitung und Video siehe Seite 60.

3. Schritt: Fertigstellen

Strickarbeit abketten und die Fäden darin vernähen. Fadenende eventuell mit einem kleinen Kreuzstich befestigen.

MÜTZEN

Material

- Max. 1 Knäuel RibbonXL (je nach Muster)
- Stricknadeln Nr. 12

Einleitung

Der Schal ist fertig, jetzt können Sie in demselben Muster die passende Mütze dazu stricken. Natürlich können Sie für die Mütze auch eine andere Farbe oder Struktur wählen.

Größe

Die Mütze ist ca. 28 cm hoch (ohne Umschlag) und hat am unteren Rand einen Umfang von 40 cm.

1. Schritt: Umschlag

Bei allen Mützen sind die Schritte Umschlag und Fertigstellen identisch. Für den Umschlag 40 Maschen anschlagen und 14 Reihen im Bündchenmuster stricken. Anleitung für dieses Muster siehe Seite 55.

2. Schritt: Lieblingsmuster

Violette Mütze im Bündchenmuster

Zusätzlich 22 Reihen im Bündchenmuster stricken.

Blaue Mütze im Perlmuster

22 Reihen im Perlmuster stricken. Anleitung zu diesem Muster siehe Seite 61.

Graue Mütze im Schachbrettmuster

Damit die Anzahl der Rauten stimmt, werden bei dieser Mütze statt 40 Maschen nur 39 Maschen angeschlagen. Zunächst 14 Reihen im Bündchenmuster stricken. Danach 22 Reihen im Schachbrettmuster (4 Maschen rechts, 4 links) stricken, dabei immer nach 4 Reihen die Reihenfolge der Maschen wechseln, damit sich ein schönes Karomuster ergibt.
Anleitung zu diesem Muster siehe Seite 58.

Graugrüne Mütze im Reliefmuster

22 Reihen im Reliefmuster stricken: Erste Reihe rechte Maschen; nächste Reihe abwechselnd 1 Masche rechts, 1 Masche abheben (wie zum Linksstricken einstechen), Faden liegt hinter der Strickarbeit. In dieser Weise fortfahren, bis das Knäuel aufgebraucht ist. Anleitung und Video siehe Seite 60.

3. Schritt: Fertigstellen

Sobald die benötigte Maschenanzahl erreicht ist, nicht abketten, sondern den RibbonXL-Faden durch die Schlingen auf der Stricknadel fädeln und das Ganze zusammenziehen. Die Seitennähte im Schlingstich mit einem RibbonXL-Faden zusammennähen. Lose Fäden auf der Innenseite der Mütze vernähen.

LOOP-SCHAL

Einleitung

Manchmal scheint es das ganze Jahr lang Herbst zu sein: Regen und starker Wind gehören nun mal zu unserem niederländischen Klima. Das ist nicht immer eine besonders verlockende Aussicht, wenn man morgens mit dem Fahrrad zur Arbeit oder einer Verabredung muss. Aber große Schals sind zurzeit trendig, selbst wenn es windstill oder warm ist!

Mit einem Loop-Schal verschönern Sie jedes Outfit. Je nach Stimmung: Geschmackvoll, elegant, trendig, sportlich oder fröhlich, wie das knallgelbe Exemplar auf diesem Foto. Mit diesem Schal ist jeder Tag ein Sonnentag!

RibbonXL besteht aus recycelter Baumwolle: Locker und luftig getragen wird diese Material nie zu warm und kratzt auch nicht.

Größe

Damit Sie diesen Schal mehrfach um den Hals schlingen können, haben wir ihn schön lang gemacht:
Der Schal ist 2,5 m lang und 18 cm breit.

Material

- 2 Knäuel RibbonXL
- Stricknadeln Nr. 12

1. Schritt: Rechteck

20 Maschen anschlagen und ein Rechteck im Bündchenmuster stricken: Im Wechsel 1 Masche rechts, 1 Masche links, bis beide Knäuel aufgebraucht sind. Wenn Sie beim zweiten Knäuel angelangt sind, beiden Garnenden mit einem festen Knoten miteinander verbinden und einfach weiterstricken

2. Schritt: Fertigstellen

Den Schal abketten. Sie können ihn auch als langen Schal tragen; wenn Sie daraus aber einen Loop-Schal machen möchten, nähen Sie Anfang und Ende des Schals mit einem Faden RibbonXL im Schlingstich aneinander fest. Jetzt den Schal um den Hals schlingen und nach draußen gehen, damit Ihre Mühe auch bewundert werden kann!

KISSEN-MANIE

Einleitung

Mit neuen Kissenbezügen und kleinen Accessoires können Sie Ihr Wohnzimmer im Handumdrehen und geldbeutelschonend nach den neuesten Wohntrends oder einfach nach Ihrem eigenen Geschmack umgestalten. Sobald Sie die Grundlagen des Strickens beherrschen, sind Ihnen keine Grenzen mehr gesetzt und können Sie mit verschiedenen Farben und Strukturen experimentieren, indem Sie verschiedene Muster ausprobieren. Jedes Kissen sieht dann wieder völlig anders aus.

Anleitung

Die Grundform ist immer ein Quadrat von 40 x 40 cm. Die Strickquadrate werden mit einem Schlingstich miteinander verbunden. Je nach Muster müssen für die gewünschte Größe mehr oder weniger Maschen gestrickt werden. Wir empfehlen Ihnen, im Zweifelsfall die Strickarbeit immer mal wieder mit dem Innenkissen zu vergleichen, damit Sie auch sicher sein können, dass der Strickbezug genau passt und das Kissen prall gefüllt ist.

Material

- Für die Kissen benötigen Sie etwa 2 Knäuel RibbonXL (wenn nicht etwas anderes angegeben wurde)
- Stricknadeln Nr.12

Rechteck stricken

Violettes Kissen glatt rechts gestrickt

40 Maschen anschlagen, 1 Reihe rechte Maschen stricken, die nächste Reihe linke Maschen. In dieser Weise fortfahren, bis Sie 50 Reihen gestrickt haben. Anleitung für rechte und linke Maschen siehe Seite 53 und 54.

Rotes Kissen im Schachbrettmuster

39 Maschen anschlagen, ein Viereck im Schachbrettmuster stricken: (3 rechts, 3 links), nach 3 Reihen die Reihenfolge umdrehen (3 links, 3 rechts). In dieser Weise fortfahren, bis Sie 54 Reihen gestrickt haben, bzw. ein Rechteck mit 13 (Breite) mal 18 (Höhe) Karos.

Cognacfarbenes Kissen im Reliefmuster

40 Maschen anschlagen und 70 Reihen im Reliefmuster stricken: Erste Reihe rechte Maschen; nächste Reihe jeweils 1 Masche rechts und eine Masche abheben (wie zum Linksstricken einstechen), dabei bleibt der Faden immer hinter der Strickarbeit. Diese 2 Reihen fortlaufend wiederholen. Siehe auch Seite 60.

Gelbes Kissen im Zopfmuster

Das gelbe Kissen wird im Zopfmuster gestrickt. Das Muster ist dasselbe wie bei den Zopfmuster-Kissen auf Seite 24. Wir haben das Muster allerdings der Standardgröße eines Innenkissens von 40 mal 40 cm angepasst. Das Muster für dieses Kissen besteht aus 4 Zopfreihen und insgesamt 50 Reihen. Die ausführliche Anleitung für Zopfmuster finden Sie auf Seite 62 und 63. Wir empfehlen Ihnen, sich vor dem Stricken das Video über den QR-Code anzusehen.

Maschenanschlag und Vorbereitung des Zopfmusters

36 Maschen mit Stricknadeln Nr. 12 anschlagen. So stricken Sie weiter: 3 Maschen rechts, 6 Maschen links, 6 rechts, 6 links, 6 rechts, 6 links, 3 rechts (dies ist die Rückseite der Strickarbeit).

Zopfmuster

3 Maschen links stricken. Jetzt die Maschen für den nach rechts gekreuzten Zopf stricken (3 Maschen auf die Zopfnadel geben und hinter die Strickarbeit legen, 3 Maschen rechts, danach die 3 Maschen auf der Zopfnadel ebenfalls rechts, dann die nächsten 6 Maschen rechts stricken). Diesen Vorgang einmal wiederholen. Jetzt den Zopf nach rechts kreuzen: 3 Maschen auf die Zopfnadel gleiten lassen und hinter die Strickarbeit legen, 3 Maschen rechts und die 3 Maschen auf der Zopfnadel ebenfalls rechts stricken, dann die nächsten 3 Maschen links stricken.

* 3 Maschen rechts, 6 links, 6 rechts, 6 links, 6 rechts, 6 links, 3 Maschen rechts (dies ist die Rückseite der Strickarbeit).
3 Maschen links, 6 rechts, 6 links, 6 rechts, 6 links, 6 rechts, 3 Maschen links (dies ist die Vorderseite der Strickarbeit).*

Den Vorgang von * bis * dreimal wiederholen.

3 Maschen rechts, 6 links, 6 rechts, 6 links, 6 rechts, 6 links, 3 Maschen rechts.

So geht`s weiter

In der 10. Reihe werden die Zöpfe wieder gekreuzt, dafür die Strickanleitung ab 2. Schritt wiederholen. Insgesamt entstehen bei diesem Kissenbezug in 50 Reihen 5 ganze Zopfflechten.

Fertigstellen

Für jedes Kissen 2 gleiche Teile stricken und die Seitennähte im Schlingstich mit einem Faden RibbonXL miteinander verbinden. Achten Sie darauf, dass das feste Innenkissen sich im Kissenbezug befindet, wenn Sie die letzte Naht schließen. Wir empfehlen ein waschbares Innenkissen, damit Sie das Kissen als Ganzes in einem alten Kissenbezug waschen können. Nach dem Waschen das Kissen sofort wieder in Form drücken und im Liegen trocknen lassen.

Wir konnten es nicht lassen und haben auch noch einige zusätzliche Kissen gehäkelt. Da sie farblich hervorragend zu den gestrickten Geschwistern passen, durften sie mit aufs Foto. In der Anleitung für die gehäkelten Kissen weiter unten finden Sie auch einen Hinweis auf die Anleitung für die Häkelmaschen in den jeweiligen Kapiteln. Das orangefarbene Kissen wurde in einer Variation des Büschelmusters gehäkelt und eignet sich gut für fortgeschrittene Häkelfanatiker. Die grünen, rosa und blaue Kissen werden mit einfachen Stäbchen gehäkelt, mit denen auch Anfänger loslegen können.

ORANGEFARBENES KISSEN IN DICHTEM BÜSCHELMUSTER

Material

- 3,5 Knäuel RibbonXL
- Häkelnadel Nr. 10

Anleitung

Dieses Kissen haben wir in unserer eigenen Version des Büschelmusters gehäkelt, siehe auch Seite 73. Mit RibbonXL bekommt dieses Muster eine volle und feste Textur. Für das Büschelmuster ist ein wenig Häkel-Erfahrung nötig und der Materialverbrauch von RibbonXL ist höher als normal, weil wir in alle Maschen Büschel häkeln. Dieses Kissen wird nicht in zwei verschiedenen Teilen gehäkelt, sondern in einem Stück, bei dem jede Reihe mit einer Kettmasche beendet wird. Am Anfang jeder neuen Reihe wird mit 2 Wendeluftmaschen die jeweilige Höhe für die nächsten Maschen erzeugt.

Arbeitsweise

Eine Anfangsschlinge bilden und 20 Luftmaschen anschlagen. Jetzt 2 Wendeluftmaschen häkeln und in die erste Masche ab Nadel die erste Büschelmasche häkeln. Nach dem seitlich abgebildeten Schema weiterhäkeln.

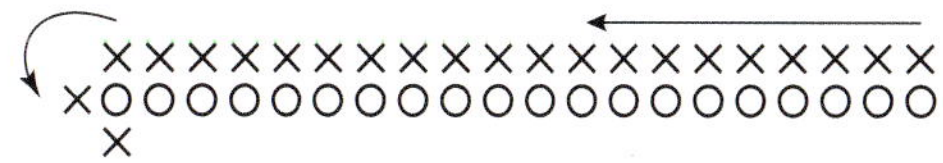

0 = Luftmaschenkette
× = Büschelmasche

An beiden Seiten der Luftmaschenkette in jede Masche jeweils eine Büschelmasche häkeln, bis Sie wieder bei der ersten Luftmasche angelangt sind (im Schema ganz rechts).

Die Reihe mit einer Kettmasche beenden. Die nächste Reihe mit 2 Wendeluftmaschen anfangen und weiterhäkeln. Nach diesem Muster 20 Reihen häkeln, bis Sie eine Höhe von 40 cm erreicht haben. Das Kissen mit einem Restfaden RibbonXL im Schlingstich schließen.

KISSEN MIT STÄBCHEN

Dieses Kissen kann gut von Anfängern gehäkelt werden und ist schnell fertig. Weitere Informationen auf Seite 69.

Material

- 2 Knäuel RibbonXL
- Häkelnadel Nr. 10

Arbeitsweise

Eine Kette mit 29 Luftmaschen anschlagen, 2 Wendeluftmaschen häkeln und auf der Rückreihe Stäbchen in die Luftmaschenkette häkeln. In dieser Weise fortfahren, bis nach ca. 14 Reihen die Häkelarbeit quadratisch ist. Wenn das Quadrat fertig ist, werden die Seiten mit einem Rand von Kettmaschen umhäkelt. Abketten und auf dieselbe Art ein zweites Quadrat häkeln. Jetzt beide Teile aufeinander legen und beide Seiten mit Kettmaschen zusammenhäkeln. Bevor Sie die letzte Seite schließen, das Innenkissen in den Bezug schieben. Zum Schluss den Faden vernähen und fest verknoten.

DEKORATIVE STRICKZÖPFE
FÜR IHRE WOHNUNG

Einleitung

Wenn Sie mit dem Stricken angefangen haben, ist unserer Meinung nach der nächste logische Schritt das Zopfmuster. Mit einigen einfachen Erklärungen lernen Sie die Technik für die nach links und nach rechts gekreuzten Zöpfe ganz schnell. Das Zopfmuster sieht bei Pullovern gut aus, ist aber in der Wohnung mindestens ebenso dekorativ. Diese Entwürfe sind auch für eine begeisterte Strickanfängerin durchaus machbar. Zusätzlicher Vorteil: Ihre Wohnung wird im Handumdrehen mit dem angesagten Zopftrend verschönert. Aus eigener Erfahrung wissen wir außerdem, wie herrlich es sich von einem Fernsehkanal zum anderen zappen lässt, wenn man auf dem Sofa unter einer selbstgestrickten Zopfdecke liegt mit einigen robusten Zopfkissen im Rücken.

STRICKPLAID MIT ZOPFMUSTER

Material

- 7 Knäuel RibbonXL
- Stricknadeln Nr. 12 (50 cm lang oder Rundstricknadel mit 80 cm Länge)

Anleitung

Diese Strickdecke ist 175 x 70 cm groß und wird in 250 Reihen gestrickt. Sollten Sie noch nie im Zopfmuster gestrickt haben, können Sie besser erst mit einem kleineren und übersichtlicheren Strickprojekt anfangen, wie z.B. das Kissen mit Zopfmuster.

Die Technik des Zopfmusters wird ausführlich auf Seite 62 und 63 beschrieben. Wir empfehlen Ihnen, sich erst einmal das Video anzusehen und dann eine Musterprobe zu stricken.

1. Schritt: Maschenanschlag und Vorbereitung für das Zopfmuster

66 Maschen mit Stricknadeln Nr. 12 (50 cm lang) oder einer Rundstricknadel (80 cm lang).

10 Reihen kraus rechts stricken (alle Reihen und Maschen rechts stricken). Dann 6 Maschen kraus rechts, (6 links, 6 kraus rechts), den Vorgang in Klammern viermal wiederholen (dies ist die Rückseite der Strickarbeit).

2. Schritt: Zopfmuster

6 Maschen kraus rechts stricken. So wird der Zopf nach links gekreuzt: Die nächsten 3 Maschen auf die Zopfnadel gleiten lassen und vor die Strickarbeit legen, 3 Maschen rechts stricken, dann die 3 Maschen auf der Zopfnadel rechts stricken.
(6 Maschen kraus rechts stricken, 3 Maschen auf der Zopfnadel vor die Strickarbeit legen, 3 Maschen rechts stricken, dann die 3 Maschen auf der Zopfnadel rechts stricken). Den Vorgang in Klammern dreimal wiederholen.

6 Maschen kraus rechts stricken.

3. Schritt: So geht`s weiter

* 6 Maschen kraus rechts stricken, (6 links, 6 kraus rechts), den Vorgang in Klammern viermal wiederholen (dies ist die Rückseite der Strickarbeit). 6 Maschen kraus rechts, (6 rechts, 6 kraus rechts), den Vorgang in Klammern viermal wiederholen (dies ist die Vorderseite der Strickarbeit).*

Den Vorgang von * bis * viermal wiederholen.

6 Maschen kraus rechts stricken, (6 links, 6 kraus rechts). Den Vorgang in Klammern viermal wiederholen. In der 10. Reihe werden die Zöpfe wieder gekreuzt (siehe 2. Schritt).

Insgesamt wird 23-mal gekreuzt.

4. Schritt: Fertigstellen

Den Rand in 10 Reihen kraus rechts stricken (alle Maschen und Reihen rechts), danach abketten. Die Strickdecke ist jetzt fertig und kann locker auf dem Sofa drapiert werden. Laden Sie doch gleich mal Ihre Freundin, Schwester oder Mutter ein, um das Ergebnis zu bewundern.

ROBUSTES ZOPFKISSEN

Material

- 2,5 Knäuel RibbonXL (Bedarf für beide Kissenseiten von je ca. 45 x 45 cm)
- Stricknadeln Nr. 12

Anleitung

Dieses Kissen ist mit seinen 45 x 45 cm etwas größer als die gelbe Schwester auf Seite 16. Das Grundprinzip ist dasselbe, die andere Farbe und Größe gibt diesem Kissen aber eine etwas robustere Ausstrahlung. Dieses Kissen wird in 56 Reihen gestrickt.

1. Schritt: Maschenanschlag und Vorbereitung für das Zopfmuster

40 Maschen mit Stricknadel Nr. 12 anschlagen. Danach 8 Reihen kraus rechts stricken (alle Reihen und Maschen rechts).

8 Maschen rechts, 6 links, 3 rechts, 6 links, 3 rechts, 6 links, 8 rechts stricken (dies ist die Rückseite der Strickarbeit). Nächste Reihe: 8 Maschen links, 6 rechts, 3 links, 6 rechts, 3 links, 6 rechts, 8 links stricken (dies ist die Vorderseite der Strickarbeit). Den Vorgang von * bis * einmal wiederholen.

8 Maschen rechts, 6 links, 3 rechts, 6 links, 3 rechts, 6 links, 8 Maschen rechts stricken.

2. Schritt: Zopfmuster

8 Maschen links stricken. Jetzt wird der Zopf nach rechts gekreuzt: 3 Maschen auf die Zopfnadel gleiten lassen und hinter die Strickarbeit legen, die nächsten 3 Maschen rechts stricken, dann die 3 Maschen auf der Zopfnadel rechts stricken, weitere 3 Maschen rechts stricken.
Der nächste Zopf wird nach links gekreuzt: 3 Maschen auf die Zopfnadel gleiten lassen und vor die Strickarbeit legen, die nächsten 3 Maschen rechts stricken, dann die 3 Maschen auf der Zopfnadel rechts stricken, weitere 3 Maschen rechts stricken.

Der nächste Zopf wird wieder nach rechts gekreuzt: 3 Maschen auf die Zopfnadel gleiten lassen und hinter die Strickarbeit legen, die nächsten 3 Maschen rechts stricken, dann die 3 Maschen auf der Zopfnadel rechts stricken, die nächsten 8 Maschen links stricken.

8 Maschen rechts, 6 links, 3 rechts, 6 links, 3 rechts, 6 links, 8 Maschen rechts stricken (dies ist die Rückseite der Strickarbeit). Nächste Reihe: 8 Maschen links, 6 rechts, 3 links, 6 rechts, 3 links, 6 rechts, 8 Maschen links stricken (dies ist die Vorderseite der Strickarbeit).

Den Vorgang von * bis * dreimal wiederholen.

Jetzt 8 Maschen rechts, 6 links, 3 rechts, 6 links, 3 rechts, 6 links, 8 Maschen rechts stricken.

3. Schritt: So geht`s weiter

In der 10. Reihe werden die Zöpfe wieder gekreuzt: Den 2. Schritt wiederholen. Insgesamt entstehen Zöpfe mit 4 ganzen und oben und unten jeweils einer halben Flechte. Die letzte Flechte also nicht mehr kreuzen, sondern in der Mitte der Flechte (nach 5 Reihen) das Muster beenden.

4. Schritt: Fertigstellen

8 Reihen kraus rechts stricken (alle Reihen und Maschen rechts) und abketten. Ein identisches Quadrat stricken und beide Teile an den Seiten mit einem Restfaden RibbonXL im Schlingstich zusammennähen. Achten Sie darauf, dass das feste Innenkissen den Kissenbezug gut ausfüllt, bevor Sie die letzte Naht schließen.

SOHO-TOP

Einleitung

In einer sündhaft teuren Boutique in SOHO, New York, hingen allerlei gestrickte Designer-Kreationen. Und obwohl die Temperatur draußen über 40 Grad Celsius betrug, wimmelte es in diesem Flagshipstore von modebewussten Frauen, die mit ihren begehrlichen Händen die Ware befühlten. Es war unmöglich, in dieser Menge ein Exemplar zu ergattern, außerdem lagen die Preise über unserem Budget. Und warum eigentlich ein Vermögen bezahlen für ein Kleidungsstück, das wahrscheinlich unter erbärmlichen Umständen maschinell angefertigt worden ist, während man mit ein paar Handgriffen ein eigenes, viel trendigeres Exemplar herstellen kann? Für dieses Top haben wir uns durch das durchbrochene Muster eines Abendkleids, das wir an dem Mittag dort gesehen haben, inspirieren lassen. Dieses vielseitig tragbare Top kann ganz einfach selbst gestrickt werden.

Anleitung

In diesem Muster gehen wir von Größe 38 aus; aufgrund der Dehnfähigkeit von RibbonXL eignet es sich aber auch für Größe 40. Wenn Sie eine andere Größe möchten, empfehlen wir ihnen, eine Musterprobe zu stricken und die genauen Maße für Ihr Modell zu ermitteln. Da in diesem Muster keine Maschen zu- oder abgenommen werden, brauchen Sie nur die Maschenanzahl an die gewünschte Länge oder Breite Ihres Tops anzupassen. Wir haben mit dem Stricken des Tops am unteren Rand angefangen und nach oben gestrickt. Unsere Version des sogenannten Ruck-Zuck-Muster wird auf Seite 59 beschrieben.

1. Schritt: Unterer Rand

32 Maschen anschlagen und den unteren Rand in 25 Reihen glatt rechts stricken (im Wechsel 1 Reihe rechts, 1 Reihe links).

2. Schritt: Rumpf

So stricken Sie eine Reihe im "Ruck-Zuck-Muster": 1 Masche rechts stricken, dann den Faden zweimal um die Stricknadel schlingen. Jetzt in diesem Muster weiterstricken, wobei in der ersten Reihe durch die doppelten Umschläge zusätzliche Schlingen auf der Nadel entstehen. In der zweiten Reihe werden diese zusätzlichen Umschläge dann wieder fallengelassen. Diese 2 Reihen werden mit 2 Reihen rechte Maschen abgewechselt. In dieser Weise fortfahren, bis 11 Reihen mit fallengelassenen Umschlägen und dazwischen jeweils 2 Reihen mit rechten Maschen gestrickt wurden. Zum Abschluss wieder 10 Reihen glatt rechts stricken (1 Reihe rechts, 1 Reihe links) und abketten. Auf dieselbe Weise ein zweites Teil stricken.

3. Schritt: Fertigstellen

Die Nähte am oberen Rand des Tops aneinandernähen (auf beiden Seiten ca. 5 cm), in der Mitte eine große Halsöffnung von ca. 25 cm offen lassen. Jetzt die Seitennähte mit einem Faden RibbonXL schließen, dabei für die Armlöcher ca. 25 cm offen lassen.

Material

- 650 g RibbonXL (ca.2,5 Knäuel)
- Größe: 75 cm lang, 38 cm breit
- Stricknadeln Nr. 12

UMSCHLAGTUCH

Einleitung

Ein Umschlagtuch gehört für uns zu den unentbehrlichen Accessoires, die nach unserer Meinung in keinem Kleiderschrank fehlen dürfen. Den Einsatzmöglichkeiten eines Umschlagstuchs sind keine Grenzen gesetzt: Zu einem dünnen Kleidchen an einem schwülen Sommerabend draußen auf einer Terrasse oder zur schnellen Veredelung eines alltäglichen Outfits. Auf alle Fälle ein ideales Kleidungsstück, von dem wir selbst mehrere Exemplare in unserem Schrank haben. Was allerdings in unserer Sammlung noch fehlte, war ein selbstgemachtes Umschlagtuch: Das haben wir uns daher schnell selbst gehäkelt.

Anleitung

Das Muster für dieses Umschlagtuch eignet sich für Jeden, der die Grundmaschen des Häkelns beherrscht. Sehen Sie sich erst einmal die Häkelmaschen ab Seite 66 an. Bei unserer Beschreibung haben wir auch ein graphisches Schema mit internationalen Häkel-Symbolen abgedruckt. Auf diese Wiese können Sie pro Reihe sehen, welche Maschen gehäkelt werden, um das gewünschte Ergebnis zu erreichen. Wenn Sie das Umschlagtuch vergrößern möchten, brauchen Sie nur eine weitere Reihe zu häkeln.

Größe

Die Breite am oberen Rand des Umschlagtuchs beträgt ca. 130 cm (ohne Fransen); die Länge hinten in der Mitte beträgt ca. 85 cm.

1. Schritt: Ring

6 Luftmaschen häkeln und diese Kette mit einer Kettmasche in die erste Luftmasche zu einem Ring schließen. Lose weiterhäkeln.

2. Schritt: Dreieck mit durchbrochenem Muster

1. Reihe: 6 Luftmaschen, 1 Stäbchen in den Luftmaschenring häkeln, 3 Luftmaschen, 1 Stäbchen in den Luftmaschenring häkeln. Die Häkelarbeit wenden.

2. Reihe: 6 Luftmaschen, 1 Stäbchen in den 1. Luftmaschenbogen der Vorreihe häkeln, 3 Luftmaschen, 1 Stäbchen in den nächsten Luftmaschenbogen der Vorreihe häkeln, 3 Luftmaschen, 1 Stäbchen in denselben Luftmaschenbogen der Vorreihe, 6 Luftmaschen. Die Häkelarbeit wenden.

3. Reihe: 6 Luftmaschen, 1 Stäbchen in den 1. Luftmaschenbogen der Vorreihe, 3 Luftmaschen, 1 Stäbchen in den nächsten Luftmaschenbogen, 3 Luftmaschen, 1 Stäbchen in den nächsten Luftmaschenbogen, 3 Luftmaschen, 1 Stäbchen in denselben Luftmaschenbogen. Die Häkelarbeit wenden.

Siehe nachstehendes Schema:

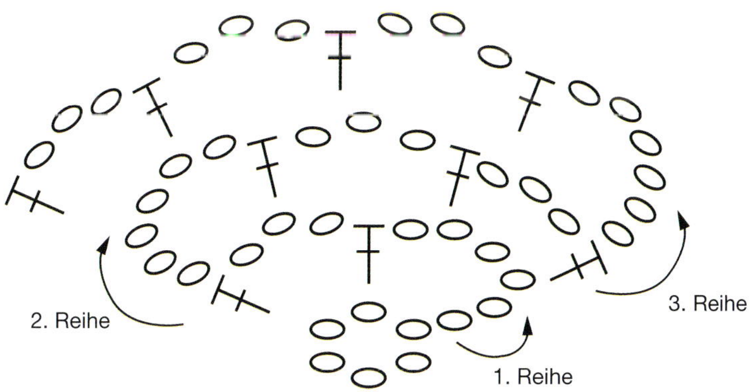

Material

- Häkelnadel Nr. 10
- 570 g RibbonXL (etwas mehr als zwei Knäuel)

Die 2. und 3. Reihe wiederholen, dabei nimmt die Anzahl der Bögen immer auf die gleiche Weise zu, bis ein Dreieck mit einer Länge von ca. 85 cm (in der Mitte gemessen) entstanden ist. Für ein größeres Umschlagtuch einfach weiter zunehmen, bis die gewünschte Größe erreicht ist.

3. Schritt: Fertigstellen

Entlang der schrägen Seiten des Dreiecks einen Rand mit festen Maschen häkeln und nach Wunsch Fransen an diesem Rand befestigen. Die Fransen werden mit Schlingmaschen (Anleitung auf Seite 77) hergestellt. Die Schlingen um eine Leiste (ca. 15 cm breit) häkeln. Mit einer Leiste erzielen Sie eine gleichmäßige Schlingengröße: Den Faden von hinten um die Leiste wickeln und mit einer festen Masche am Tuch befestigen. In jede Masche eine Schlinge häkeln.

Dieses Umschlagtuch kann in allen gängigen Größen gehäkelt werden. Die royalen Maße sorgen für ein behagliches Gefühl. Wir empfehlen Ihnen, bei diesem Muster lose zu häkeln, damit die Struktur des Umschlagtuchs weich ist. Das Umschlagtuch kann sehr einfach größer gemacht werden, indem man noch in weiteren Reihen zunimmt.

NOPPEN-CITYBAG

Einleitung

Die Citybag ist dank eines vorgestanzten Taschenbodens aus Kunstleder geräumig und gleichzeitig robust, daher ideal für den täglichen Einsatz. Deswegen haben wir die Tasche in einer sportlichen jeansblauen Farbkombination gefertigt. Das ist mal wieder etwas anderes als das übliche Braun, Grau oder Schwarz. Das Noppenmuster verleiht der Tasche eine besondere Ausstrahlung.

Anleitung

Die Tasche ist ca. 40 cm breit und ungefähr 26 cm hoch. Sie ist mit unseren eigenen italienischen Accessoires aus (Kunst) Leder ausgestattet. Die Tasche wird zuerst gehäkelt, dann wird der untere Rand mit einem Restfaden RibbonXL befestigt. Das Noppenmuster dieser Tasche wird auf Seite 76 erklärt.

Wir haben zwischen jede Noppe eine feste Masche gehäkelt, damit die Noppen auch gut sichtbar sind.

1. Schritt: Noppen-Runden

1. Runde: Zuerst eine Anfangsschlinge bilden und eine Kette mit 47 Luftmaschen häkeln. Diese Kette mit einer Kettmasche in der ersten Luftmasche zu einem Ring schließen.

2. Runde: Auf dieser Luftmaschenkette im Wechsel 1 Noppe und 1 feste Masche häkeln. Im Ring wechseln sich jetzt insgesamt 24 Noppen und 23 feste Maschen ab.

3. bis einschl. 11. Runde: Weiterhäkeln mit 24 Noppen und 23 festen Maschen pro Runde.

12. bis einschl. 16. Runde: Am oberen Rand 4 Runden feste Maschen häkeln und dann abketten.

2. Schritt: Boden und Fertigstellen

Den unteren Taschenrand mit einem Faden RibbonXL an den vorgestanzten Löchern des Lederbodens festnähen. Die Taschenhenkel ebenfalls mit einem Faden RibbonXL an die Tasche nähen. Die Tasche wird an der Schulter getragen und ist eventuell mit magnetischen Druckknöpfen auch verschließbar. Die Perfektionisten unter uns bevorzugen vielleicht ein schönes, farblich passendes Taschenfutter mit einem Reißverschluss.

Material

- 2 Knäuel RibbonXL
- Häkelnadel Nr. 10
- Ein Paar flexible Handgriffe aus (Kunst) Leder (ca. 50 cm)
- Ein rechteckiger Boden aus (Kunst) Leder von 32 x 10 cm mit vorgestanzten Löchern

ERDBEERNOPPEN-TASCHE

Einleitung

Ab und zu fördert wissenschaftliche Forschung Information zutage, die man sich auch im täglichen Leben zunutze machen kann. Ein fesselndes Thema ist die Wechselbeziehung von Mode und Wirtschaft. Dieses Thema ist in den letzten Jahrzehnten ausführlich von klugen Köpfen untersucht worden. Und was hat sich herausgestellt? In Zeiten einer Rezession passieren immer zwei Dinge:

1. Frauen tragen wieder Miniröcke
2. Die Mode wird farbenfroher

Wenn man von den Berichten aus der Wirtschaft ausgeht, haben wir es inzwischen tatsächlich mit einer globalen Wirtschaftskrise zu tun. Wir sind daher auch keineswegs überrascht, dass die Mode zurzeit im Zeichen des sogenannten „Color Blocking“ steht. Kurzum, man darf seine Alltagskleidung wieder mit leuchtenden Knallfarben verschönern. Hat also doch seine Vorteile, so eine Rezession!

Manchmal kommt man mit ein bisschen Probieren ziemlich weit. Dieses knallrote Täschchen ist eigentlich aus Versehen entstanden, nämlich während wir mit dem Erlernen des Noppenmusters beschäftigt waren, und wurde sofort nach Beendigung sehr gelobt und bewundert. Die Form und die Noppen ähneln Erdbeeren.

Material

- gut 1,5 Knäuel RibbonXL
- Häkelnadel Nr. 10

Anleitung

Diese Tasche wird nach oben hin schmaler: Die untere Seite ist ca. 34 cm lang, die obere Seite misst ca. 25 cm. Praktisch: Die Handgriffe aus Bambus werden separat befestigt und können zum Waschen der Tasche herausgenommen werden. Das Noppenmuster dieser Tasche wird auf Seite 73 erklärt. Wir haben zwischen jeder Noppe eine feste Masche gehäkelt.

1. Schritt: Taschenform

1. Reihe: Eine Anfangsschlinge bilden und 20 Luftmaschen häkeln.

2. Reihe: Auf die Luftmaschenkette das Noppenmuster häkeln: Im Wechsel 1 Noppe und eine feste Masche. In dieser Weise fortfahren, am Ende der Reihe die Häkelarbeit wenden und auf der anderen Seite der Luftmaschenkette im Noppenmuster weiterhäkeln. Es befinden sich jetzt im Wechsel je 10 Noppen und 10 feste Maschen auf beiden Seiten der Häkelarbeit.

3. bis einschl. 8. Reihe: Jetzt rund häkeln, in jeder Runde befinden sich 20 Noppen und 20 feste Maschen, die sich miteinander abwechseln.

9. Reihe: Im Wechsel 2 Noppen und 2 feste Maschen häkeln. 8 Kettmaschen häkeln, anschließend wieder im Wechsel 2 Noppen und 2 feste Maschen. Dies auf der anderen Seite der Häkelarbeit wiederholen. Auf diese Weise entsteht am oberen Rand eine Rundung, an der die Rundgriffe befestigt werden können.

2. Schritt: Fertigstellen

Mit einem Faden RibbonXL die Rundgriffe aus Bambus an die Tasche nähen. Die losen Fäden auf der Innenseite der Tasche vernähen.

STRICKMÜTZE IM BÜNDCHENMUSTER

Diese schelmische rote Mütze haben wir im Bündchenmuster gestrickt: Die Anleitung finden Sie bei der violetten Mütze auf Seite 10. Damit die Mütze noch etwas geräumiger ausfällt, haben wir 42 statt der dort angegebenen 40 Maschen angeschlagen.

Material

- max. 1 Knäuel RibbonXL
- Stricknadeln Nr. 12

BEINWÄRMER

Einfach zu stricken und ideal zu kombinieren. Die roten Stulpen werden im Bündchenmuster gestrickt: 28 Maschen anschlagen und bis zu einer Länge von ca. 26 cm stricken. Die Seitennähte mit Schlingstich schließen und schon fertig! Endergebnis siehe Seite 34!

STERNMUSTER-TASCHE

Einleitung

Diese Tasche mit kreativem Rand eignet sich ausgezeichnet fürs Büro. Sie kann aber auch gut als Freizeittasche benutzt werden und bietet ausreichend Platz für Ihren Papierkram, Tablet, Smartphone und Terminkalender. Und dann passen noch immer ein paar kleine Einkäufe rein, die Sie im Supermarkt auf dem Weg nach Hause spontan getätigt haben. Da diese Tasche für jeden Tag und Zweck gedacht ist, haben wir für die abgebildeten Modelle Farben in Naturtönen ausgewählt: Die passen zu jeder Garderobe.

1. Schritt: Rechteck

1. Reihe: Eine Anfangsschlinge bilden und 40 Luftmaschen häkeln.
2. Reihe: Auf die Luftmaschenkette im Sternmuster in 16 Reihen (8 Reihen mit Sternen) ein Rechteck häkeln.

2. Schritt: Fertigstellen

Die Häkelarbeit mittig falten und an beiden Seiten mit Kettmaschen zusammen häkeln. Am oberen Rand der Tasche mit Kettmaschen einen Rand häkeln. Darauf noch 3 Reihen feste Maschen häkeln und abketten. Die Schultergriffe mit einem Restfaden RibbonXL an die Tasche nähen. Lose Fäden auf der Innenseite der Tasche vernähen.

Anleitung

Die Grundform für diese Tasche ist ein längliches Rechteck, das in der Mitte gefaltet und an beiden Seiten mit Kettmaschen zusammengehäkelt wird. Zur stilvollen Vollendung der Tasche haben wir praktische und wetterfeste Schulterhenkel ausgesucht. Anleitung siehe Seite 78.

Material

- Häkelnadel Nr. 10
- 2 Knäuel RibbonXL
- Ein Paar Schulterhenkel nach Wahl

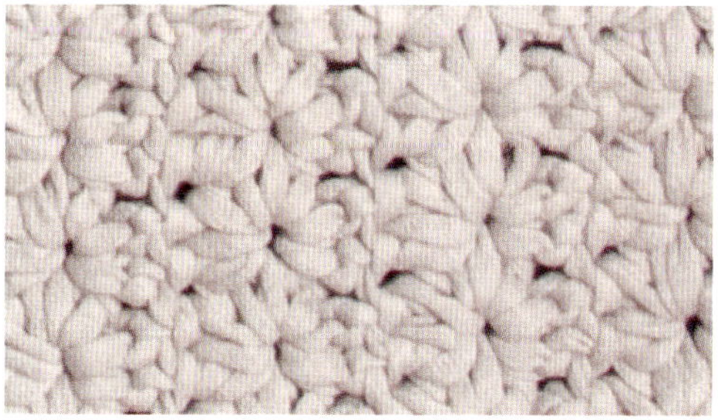

'STAR CLUTCH'

Einleitung

Glücklicherweise gibt es auch Momente im Leben, in denen man keinen Papierkram oder Terminkalender nötig hat. Für diese Momente wollten wir zum A4-Taschenmodell noch eine kleine Schwester im attraktiven Sternmuster häkeln.

1. Schritt: Tasche rundhäkeln

1. Reihe: Eine Anfangsschlinge bilden und 26 Luftmaschen häkeln.

2. Reihe: Auf diese Luftmaschenkette halbe Stäbchen häkeln. Am Ende der Reihe in die erste Luftmasche zweimal ein halbes Stäbchen häkeln, um damit „um die Ecke" zu gehen. Auf der anderen Seite der Kette weiterhäkeln mit je einem halben Stäbchen in jede Masche. Am Ende der Reihe wieder 2 halbe Stäbchen häkeln. Die ganze Reihe besteht nun aus 56 halben Stäbchen.

3. Reihe: 7 Runden im Sternmuster häkeln, also insgesamt 3,5 Sternreihen. Dabei jede Runde mit einer Kettmasche in der ersten Masche schließen.

2. Schritt: Fertigstellen

Am oberen Rand Kettmaschen häkeln und abketten. Die Henkel werden mit einem Restfaden RibbonXL an die Tasche genäht. Lose Fäden auf der Innenseite vernähen.

Anleitung

Das Täschchen ist ca. 33 cm breit und 18 cm hoch, es gibt daher genug Platz für Telefon, Geldbeutel und Lippenstift. Mit einigen Accessoires, z.B. Perlen oder Applikationen, wird aus diesem Täschchen eine schicke Clutch, mit der Sie zum Star des Abends werden. De Taschenmaße betragen ca. 33 cm x 18 cm (Breite x Höhe).

Material

- Knäuel RibbonXL
- Häkelnadel Nr. 10
- Ein Schulterhenkel und ein hübsches Accessoire nach Wahl (wir haben hier eine Brosche aus Kunstleder genommen)

PSYCHEDELISCHES HÄKELKISSEN

Einleitung

Auf diesen bunten Entwurf sind wir so stolz, dass wir ein Foto von diesem Kissen auf den Social Media von Hoooked und Echtstudio veröffentlicht haben. Sofort wurden wir mit Anfragen nach diesem Muster überschüttet. Wir empfehlen Ihnen, die Rückseite des Kissens in einer flachen Struktur zu stricken oder häkeln, oder aber ein Stück Stoff dafür zu nehmen. Der Häkelentwurf an der Vorderseite ist eine knifflige Herausforderung. Wenn das Kissen dann aber fertig ist, haben Sie in Ihrem Interieur ein echtes Statement gemacht.

Anleitung

Die Grundlage ist ein Gittermuster (Beschreibung siehe Seite 72). Die einzelnen Farbstränge werden lose direkt auf das Gitter gehäkelt. In unserer Graphik zeigen wir, wie die Zpagetti-Farben angeordnet werden. Da der Kissenbezug eine offene Struktur hat, empfehlen wir ein Innenkissen mit derselben Farbe wie das Gitter. Bei uns war das Rot.

Material

- Häkelnadel Nr. 10
- Wir haben verschiedene Restknäuel RibbonXL verarbeitet
- Insgesamt 3,5 Knäuel RibbonXL. Für den äußersten (violetten) Rand benötigten wir beinahe ein ganzes Knäuel.

1. Schritt: Gitter

Zuerst ein Gitter mit 13 x 13 Gitteröffnungen häkeln: Zuerst eine Anfangsschlinge bilden und 44 Luftmaschen häkeln.

1. Reihe: 1 Stäbchen in die 8. Luftmasche häkeln, dann 2 Luftmaschen häkeln, die nächsten 2 Luftmaschen der Kette überspringen, 1 Stäbchen, 2 Luftmaschen, wieder die nächsten 2 Luftmaschen der Kette überspringen und so weiter.

2. Reihe: 5 Luftmaschen häkeln und ein Stäbchen genau auf das Stäbchen der Vorreihe häkeln, so dass ein Viereck entsteht. 2 Luftmaschen häkeln, dann ein Stäbchen auf das Stäbchen der Vorreihe häkeln. In dieser Weise bis zum Ende der Reihe fortfahren.

3. Reihe und alle weitere Reihen: 5 Luftmaschen häkeln, die Schritte so lange wiederholen, bis das Häkelteil mit 13 Gitteröffnungen auf der einen Seite und 13 Gitteröffnungen auf der anderen Seite ein Quadrat bildet.

2. Schritt: Farbstränge

In der Mitte des Gitters anfangen: Einen neuen Faden annähen und 3 Wendeluftmaschen häkeln. Auf 1 Seite des Quadrats 3 Stäbchen häkeln, dann auf der gegenüberliegenden Seite (gegen den Uhrzeigersinn) 4 Stäbchen häkeln, auf der unteren Seite des Quadrats 4 Stäbchen häkeln, schließlich auf der übriggebliebenen Seite ebenfalls 4 Stäbchen häkeln. Mit einer Kettmasche in der 3. Luftmasche abschließen. Auf jede Seiter sind jetzt also 4 Stäbchen.

Auf dem Gitter nach dem Farbschema in dieser Weise fortfahren.

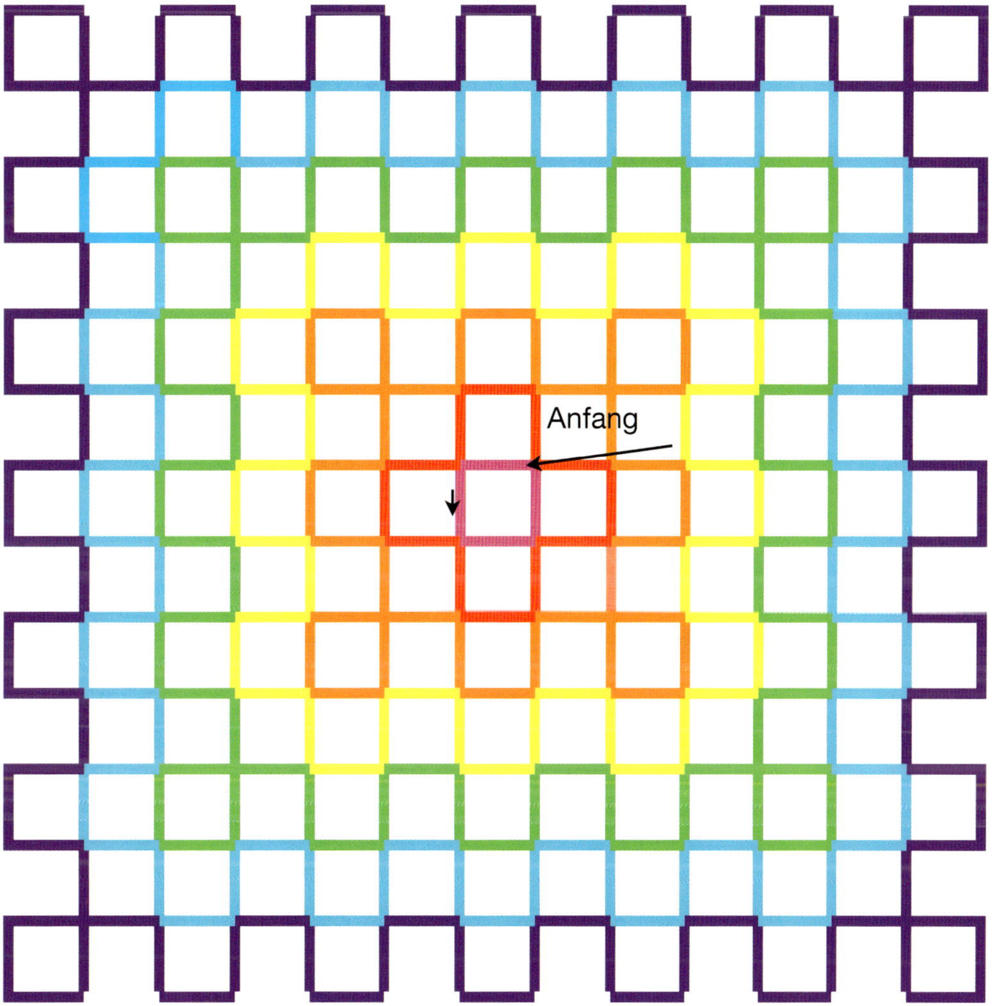
Anfang

RIBBONXL

HEXAGON-POUF

Einleitung

Jemand, der sich auskennt, nämlich ein bekannter niederländischer Trendbeobachter auf dem Gebiet von Wohntrends, gab uns schon vor einiger Zeit den Tipp: Grau und Braun verschwindet, denn Weiß ist das neue Schwarz! Nun sollte man erst einmal abwarten, ob solche Vorhersagen auch wirklich eintreffen. Inzwischen hat sich aber die gute Nachricht überall verbreitet: Wir sehen auf der Straße und in Wohnzeitschriften immer mehr Beispiele für das neue weiße Lebensgefühl. Ein makelloses Interieur ist zwar sehr modern, aber auch ein wenig langweilig. Deswegen haben wir diesen Pouf in weißer Basisfarbe mit fröhlichen Farbakzenten versehen.

Anleitung

Das Sitzkissen besteht aus vielen kleinen Teilen, nämlich 20 Sechsecke und 12 Fünfecke. Diese Teile werden Stück für Stück gehäkelt und dann wie bei einem Häkelpuzzle in einem Durchgang zusammengefügt. Die Sechs- und Fünfecke sind ideal geeignet für kleine Arbeiten schnell mal zwischendurch, wenn man ein bisschen Zeit hat. Sie können die Farbzusammenstellung des Hexagon-Poufs nach eigenem Geschmack verändern, zum Beispiel mit farbigen Resten von anderen Projekten. Das Büschelmuster für dieses Sitzkissen haben wir auf Seite 73 beschrieben.

Farbakzente Sechsecke	1. Reihe (verschiedene Kontrastfarben nach Wahl)	2. Reihe (Verschiedene Kontrastfarben nach Wahl)
Pro Sechseck	6 Meter	7 Meter
Insgesamt pro 20 Sechsecke	120 Meter (beinahe ein Knäuel)	140 Meter (etwas mehr als ein Knäuel)

Material

- Häkelnadel Nr. 10
- Rundes Füllkissen mit einem Durchmesser von 65 cm
- RibbonXL (Grundfarbe, in diesem Fall ist das Weiß) ca. 4 Knäuel; diese Angaben sind einschl. der weißen Sechsecke in der 3. und 4. Reihe.
- Verschiedene Kontrastfarben nach Wahl für die Sechsecke; wir haben Reste verarbeitet (Materialbedarf siehe Tabelle).
- Die Sechsecke wurden im Büschelmuster gehäkelt. Anleitung siehe Seite 73.

1. Schritt: 20 Sechsecke

So wird jedes Sechseck gehäkelt: In der ersten Kontrastfarbe einen Magic Ring (Anleitung Seite 71) bilden. Damit wird die Mitte des Sechsecks fest zugezogen.

1. Reihe: 2 Wendeluftmaschen häkeln, dann in den Magic Ring 9 Büschelmaschen häkeln. Die Runde mit einer Kettmasche in der ersten Masche schließen und den Ring zuziehen.
2. Reihe: Zur zweiten Kontrastfarbe wechseln und 2 Wendeluftmaschen häkeln. Jetzt in jede Masche 2 Büschelmaschen häkeln. Die Runde mit einer Kettmasche in der ersten Masche schließen. Die Runde besteht nun aus insgesamt 18 Büschelmaschen.
3. Reihe: In Weiß weiterarbeiten und 2 Wendeluftmaschen häkeln. Jetzt in jede 3. Masche jeweils 2 Maschen häkeln. Die Runde mit einer Kettmasche in der ersten Masche schließen. Diese Runde enthält 24 Büschelmaschen.
4. Reihe: 1 Wendeluftmasche häkeln, danach in jede 4. Masche 3 feste Maschen häkeln. Die Runde mit einer Kettmasche in der ersten Masche schließen. Diese Runde enthält 36 feste Maschen.

Das erste Sechseck ist jetzt fertig: Ein Häkelteil mit sechs Seiten und mit 6 Maschen pro Seite. Jetzt zur Stärkung erst mal eine Tasse Tee trinken, denn danach geht die Produktion los! Sie benötigen für dieses Sitzkissen insgesamt 20 Sechsecke.

2. Schritt: 12 Fünfecke

Wieder einen Magic Ring bilden. Damit wird die Mitte des Fünfecks fest zugezogen.

1. Reihe: 2 Wendeluftmaschen häkeln, dann in den Magic Ring 12 Büschelmaschen häkeln. Die Runde mit einer Kettmasche in die erste Maschen schließen und den Ring zuziehen.

2. Reihe: 2 Wendeluftmaschen häkeln, danach in jede Masche 2 Büschelmaschen häkeln. Am Ende jeder Runde eine Luftmasche häkeln und mit einer Kettmasche in die erste Masche schließen. Diese Runde enthält insgesamt 25 Maschen.

Das Fünfeck ist bereits fertig: Ein rundes Häkelteil mit insgesamt 25 Maschen. Beim Zusammennähen mit den anderen Teilen wird daraus ein Fünfeck mit 5 Seiten und 5 Maschen pro Seite. Insgesamt benötigen Sie 12 Fünfecke.

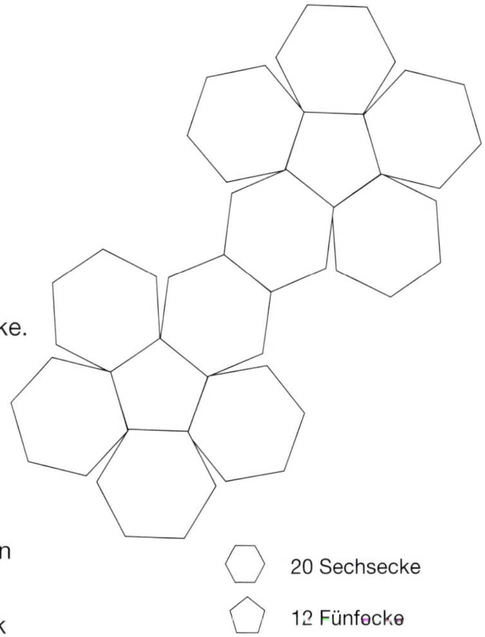

3. Schritt: Zusammennähen

Wenn Sie alle Sechs- und Fünfecke gehäkelt haben, kommt der schönste Teil der Arbeit: Alle Teile miteinander verbinden. Dafür benötigen Sie etwas Konzentration. Wir empfehlen Ihnen daher, diese Arbeit dann zu machen, wenn Sie einige Zeit ungestört arbeiten können. An der Oberseite des Sitzkissens anfangen und mit einem weißen Faden RibbonXL nach Schema die Häkelteile Stück für Stück aneinandernähen.

4. Schritt: Füllen

Bevor das Sitzkissen ganz zugemacht wird, muss das feste runde Füllkissen erst in den Häkelbezug gedrückt werden. Der Bezug sollte prall gefüllt sein, so dass das Sitzkissen schön rund wird. Eventuell können Sie zusätzlich zum Innenkissen das Sitzkissen mit weiteren festen Schaumstoff-Flocken noch praller füllen. Und dann wird es Zeit, das Ergebnis Ihrer Mühe einzuweihen. Wir haben die erfolgreiche Beendung dieses Projektes mit einer Tasse frischem Espresso und einem Stückchen Gebäck gefeiert.

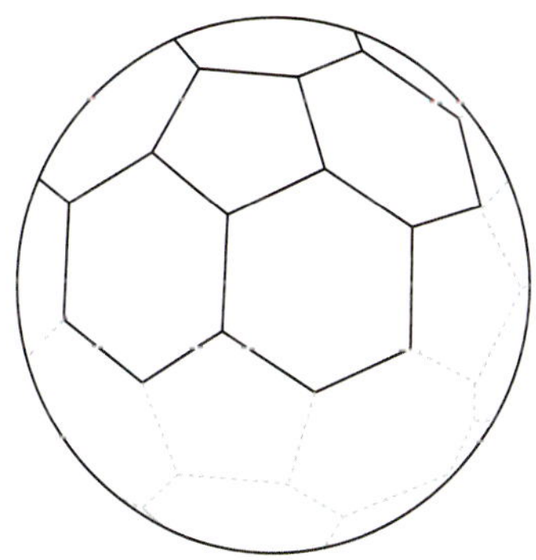

Achtung: Die Seiten der Sechsecke und der Fünfecke werden jeweils an fünf Maschen miteinander verbunden. In den Ecken bleibt je eine Masche übrig. Die Seiten der Sechsecke werden untereinander an sechs Maschen miteinander verbunden.

RIBBONXL
Hoooking good!

GRUNDLAGEN DES STRICKENS

Über die Technik des Strickens sind unzählige Bücher geschrieben worden. Am Anfang dieses Projekts konnten wir vor lauter Bäumen den Strickwald nicht mehr sehen: Es sind bereits so viele verschiedene Stricktechniken beschrieben worden. Wir haben uns daher viel Zeit dafür genommen, einfache und übersichtliche Strickanleitungen zu schreiben und hatten viel Spaß bei dieser großartigen Herausforderung. Glücklicherweise standen uns dabei unsere Strickexperten mit Rat und Tat zur Seite!

Sollten Sie sich zusätzlich zu den Abbildungen im Buch gerne auch bewegende Bilder ansehen, können Sie zum Abspielen der dazugehörigen Videos mit Ihrem Smartphone oder Tablet die QR-Codes scannen. Alle Anleitungsvideos wurden mit großer Sorgfalt erstellt: Wir haben einen ganzen Tag damit verbracht, die Maschen wirkungsvoll in Szene zu setzen. Natürlich ging ab und zu auch etwas schief, aber letztendlich sind alle Videos gut gelungen. Wir sind wirklich zufrieden mit dem Endergebnis!

Maschenanschlag

Beim Stricken fangen Sie immer mit dem Anschlagen der Maschen an. Es gibt dafür verschiedene Methoden, wir haben uns für das Anschlagen mit beiden Stricknadeln entschieden. Mit dieser Methode entsteht am Anfang Ihrer Strickarbeit ein sauberer Rand. Sobald Sie die gewünschte Maschenanzahl angeschlagen haben, kann das Strickvergnügen losgehen!

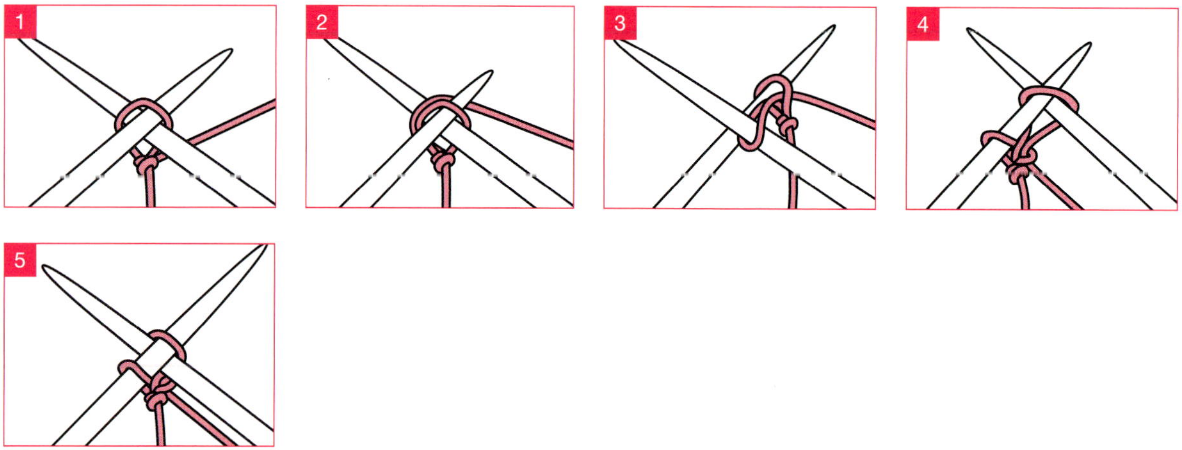

1. Zuerst mit einem Fadenende von ungefähr 10 Zentimetern eine Schlinge bilden, diese auf die linke Nadel legen und mit der rechten Nadel von unten durch diese Lasche stechen.
2. Den Faden um die rechte Nadel legen.
3. Holen Sie jetzt die rechte Nadel mit dem umgeschlungenen Faden durch die erste Lasche zurück.
4. Diese neue Masche etwas weiter machen und von der rechten Nadel auf die linke schieben.
5. Die rechte Nadel aus der neuen Masche ziehen und zwischen diese zwei Maschen einstechen. Den Vorgang so oft wiederholen, bis sich genügend Maschen auf der Nadel befinden.

Rechte Maschen

Die rechten Maschen sind eine gute Grundlage für Strickanfänger. Mit diesen Maschen bekommt Ihre Strickarbeit eine regelmäßige Struktur, und sobald Sie diese Maschen beherrschen, haben Sie auf alle Fälle genug Selbstbewusstsein für Versuche mit anderen Maschen und Mustern.

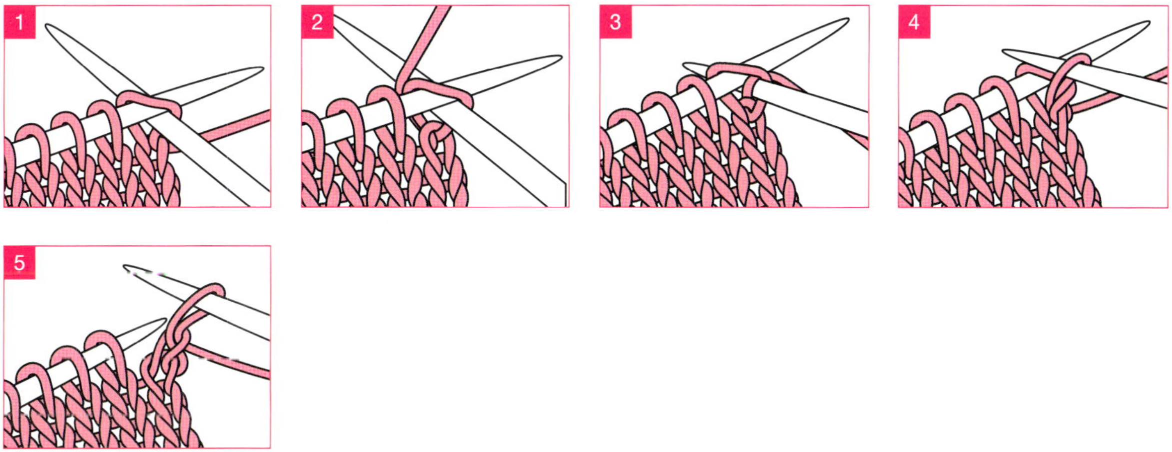

1. Die rechte Nadel von unten in die Masche einstechen.
2. Den Faden um die rechte Nadel legen.
3. Die rechte Nadel mit dem Umschlag durch die Masche auf der linken Nadel ziehen.
4. Dieser Umschlag bildet eine neue Masche und bleibt auf der rechten Nadel.
5. Die alte Masche von der linken Nadel gleiten lassen und die nächste Masche stricken.

Linke Maschen

Die meisten Grundmuster werden mit rechten oder linken Maschen, oder einer Kombination von beiden gestrickt. Zu Recht werden daher diese Strickmaschen Grundmaschen genannt. Sobald Sie beide Strickarten beherrschen, können Sie bereits Ihre ersten Muster stricken.

1

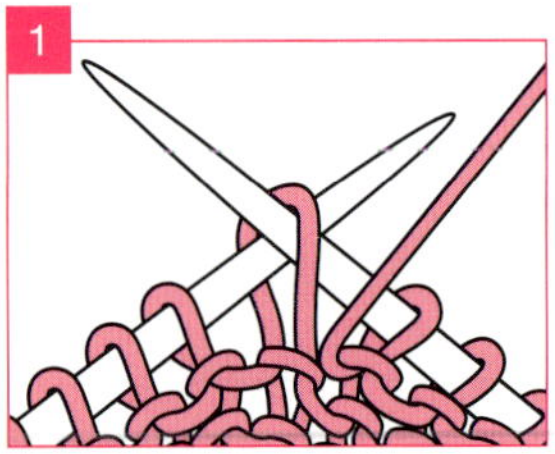

2

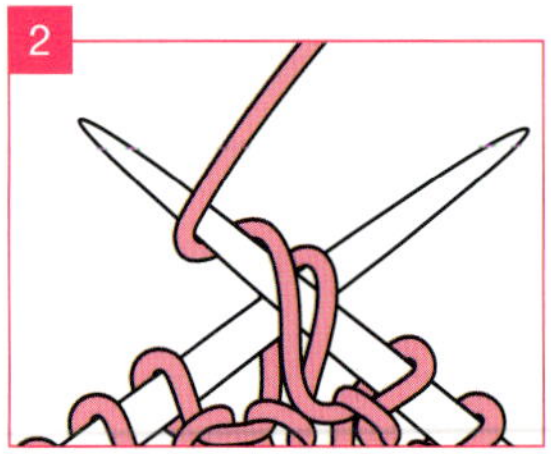

3

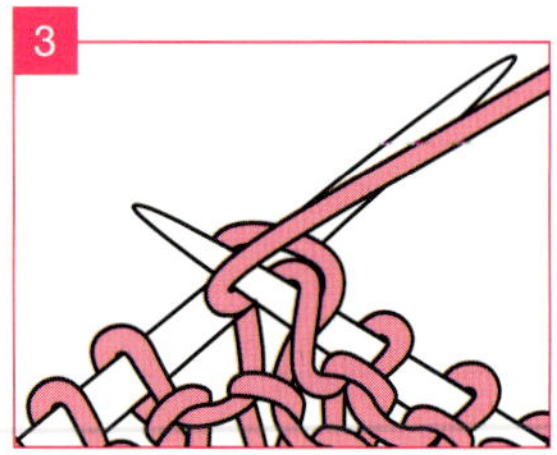

4

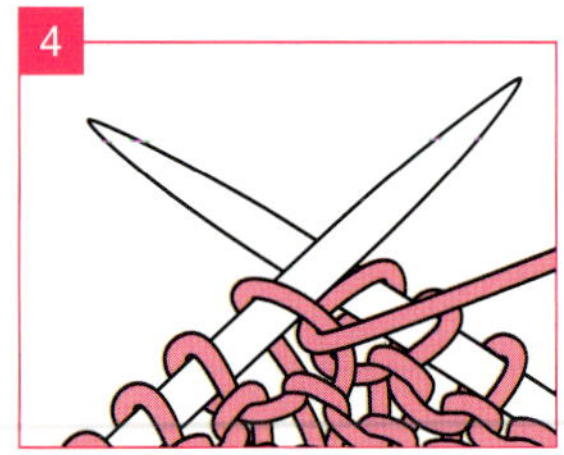

5

1. Den Faden vor die Strickarbeit legen. Die rechte Nadel von hinten in die nächste Masche auf der linken Nadel einstechen.
2. Den Faden um die rechte Nadel legen.
3. Die rechte Nadel mit dem Umschlag durch die Masche auf der linken Nadel ziehen. Die Masche darf dabei nicht von der Nadel gleiten.
4. Dieser Umschlag bildet eine neue Masche und bleibt auf der rechten Nadel.
5. Die alte Masche jetzt von der linken Nadel gleiten lassen. Sie haben eine linke Masche gestrickt!

Bündchenmuster

Mit dem Bündchenmuster (eine Masche rechts, eine Masche links) erhält Ihr Strickstück ein Relief. Das Muster wird meistens für den Rand einer Strickarbeit benutzt, oder wenn man mehr Elastizität erzielen möchte. Beim Stricken eines Bündchenmusters sollten Sie gut darauf achten, dass der Faden während des Strickens abwechselnd vorne und hinten liegt, damit in Ihrer Strickarbeit keine zusätzlichen Schlingen entstehen.

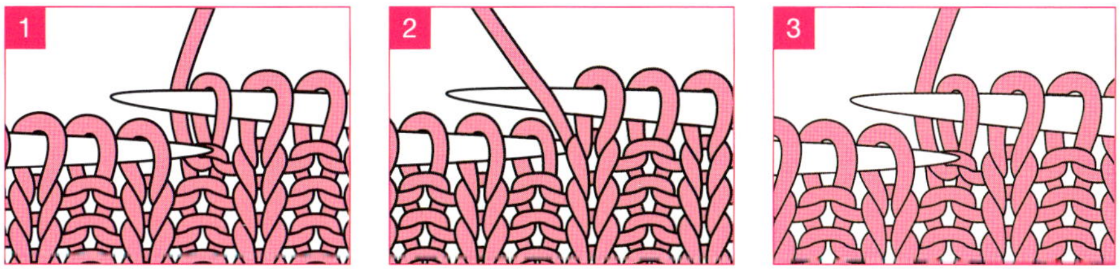

1. Am Anfang befindet sich der Faden hinter der Strickarbeit: Sie stricken dann eine rechte Masche.
2. Bevor Sie die nächste (linke) Masche stricken, muss der Faden nach vorne gelegt werden.
   Die Schritte 1 und 2 im Wechsel wiederholen.
3. Für Anfänger ist es oft nicht so einfach, die nächste Masche zu erkennen:
   Eine rechte Masche sieht wie ein ‘V’ aus, eine linke Masche wie ein Knötchen.

RIBBONXL
Hoooking good!

Strukturmuster

Mit einer Kombination von rechten und linken Maschen lassen sich unendlich viele verschiedene Strukturmuster herstellen. Alle hier zu beschreiben, würde zu weit führen. Wir stellen Ihnen jetzt einige der bekanntesten Strickmuster vor, die zum Grundwissen gehören. Sie kommen übrigens alle in diesem Buch vor.

Glatt rechts

Abwechselnd 1 Reihe rechte Maschen, 1 Reihe linke Maschen stricken.

Schachbrettmuster

Abwechselnd X rechte Maschen, X linke Maschen stricken; die Reihenfolge wird nach X Reihen umgedreht.

Reliefmuster

1 Reihe rechte Maschen stricken; auf der nächsten Reihe im Wechsel 1 Masche rechts stricken, 1 Masche abheben (dabei wie für eine linke Masche einstechen).

Ruck-Zuck-Muster

Warum wird das Muster so genannt? Es gibt dieses Muster in verschiedenen Variationen. Tatsache ist dass Sie aufgrund der zusätzlichen Umschläge, die dann wieder „fallengelassen" werden, um Einiges schneller fertig sind. Dieses Muster eignet sich für eine offene und luftige Struktur, wie sie z.B. häufig bei modernen Schals, Plaids oder Umschlagtüchern zu sehen ist.

Unsere Version des Ruck-Zuck-Muster wird in zwei Reihen gestrickt: In der ersten Reihe entstehen durch doppelte Umschläge zusätzliche Schlingen auf der Nadel. Diese werden dann in der zweiten Reihe wieder fallengelassen, siehe auch unsere Abbildungen. Das ganze Muster (beide Reihen) können Sie sich auch auf einem Video anschauen, indem Sie den QR-Code scannen.

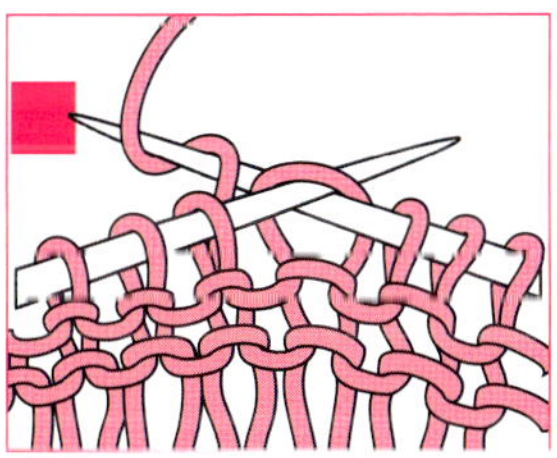

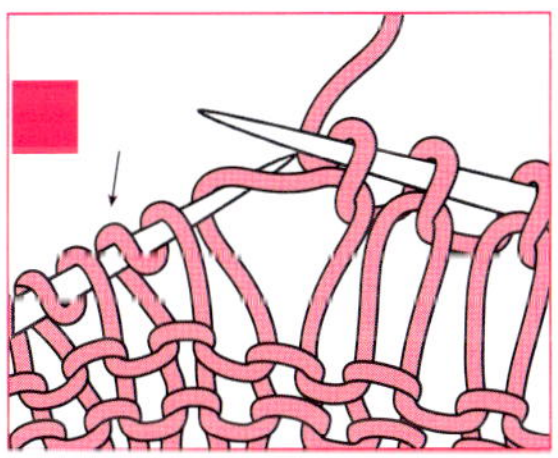

1. Reihe: Die rechte Nadel in die Masche auf der linken Nadel einstechen und den Faden zweimal umschlagen. Die rechte Nadel mit den Umschlägen durch die Masche ziehen. In dieser Weise bis zur Ende der Reihe fortfahren. Auf der Stricknadel befinden sich jetzt doppelt so viele Maschen.

2. Reihe: Auf der Rückreihe bis zum Ende der Reihe jede Masche stricken und dabei jeweils den zusätzlichen Umschlag fallenlassen.

Reliefmuster

Mit diesem Muster erzielen Sie mit RibbonXL bei Ihrer Strickarbeit eine attraktive Tiefenwirkung. Das gelingt selbst Strickanfängern gut. Trotz ausführlicher Recherche konnten wir die offizielle Bezeichnung dieses Musters nicht entdecken und haben wir es einfach Reliefmuster genannt. Dies schien uns jedenfalls eine passende Umschreibung. Diese tolle Struktur können Sie bei dem cognacfarbenen Kissen auf Seite 16 bewundern.

Eine gerade Maschenanzahl anschlagen. Jeweils die erste und die letzte Masche jeder Reihe rechts stricken. Die übrigen Maschen werden so gestrickt:

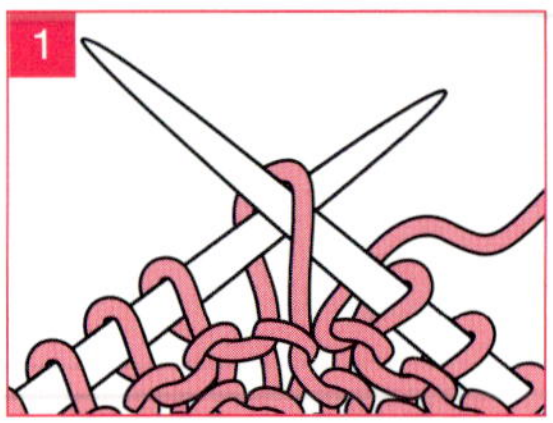

1. Reihe: Eine Masche rechts stricken und die nächste Masche abheben (wie zum Linksstricken einstechen), dabei bleibt der Faden hinter der Strickarbeit.
2. Reihe: Alle Maschen rechts stricken. Die beiden Reihen im Wechsel stricken.

Perlmuster

Mit dem Perlmuster bekommt Ihre Strickarbeit mit wenig Aufwand eine „körnige Struktur“. Es ist auf beiden Seiten dekorativ und deshalb sehr geeignet für tragbare Strickarbeiten, z.B. Schals und Mützen. Die Stricktechnik für das Perlmuster ist im Prinzip die gleiche wie für das Bündchenmuster: Man strickt abwechselnd rechte und linke Maschen. Der Unterschied ist aber, dass in jeder Reihe die Reihenfolge der Maschen umgedreht wird. Dieser Wechsel sorgt außerdem für eine stabile Textur.

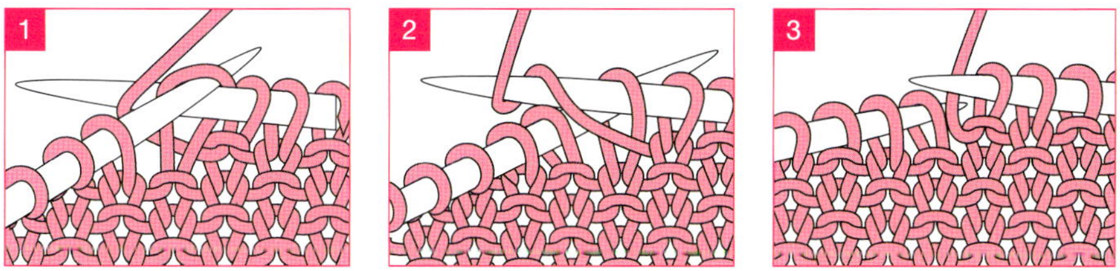

1. Am Anfang den Faden hinter die Strickarbeit legen und eine rechte Masche stricken
2. Jetzt den Faden nach vorne legen und die nächste (linke) Masche stricken. Diese beiden Schritte bis zum Reihenende wiederholen.
3. In der nächsten Reihe wird die Reihenfolge der Maschen umgedreht: Über die rechten Maschen der Vorreihe eine linke stricken und umgekehrt. Eine rechte Masche sieht aus wie ein “V”, eine linke wie ein Knötchen.

Zopfmuster

Sobald Sie die Grundmaschen beherrschen, ist der Schritt zum Zopfmuster nicht mehr so groß. Zopfmuster sehen zwar kompliziert aus, aber auch dafür gilt: Ist gar nicht so schwer. Für die Zöpfe benötigt man eine sogenannte Zopfnadel, mit der die jeweiligen Maschen vor oder hinter der Strickarbeit „stillgelegt“ werden. Auf diese Weise können Sie im Handumdrehen das beliebte Zopfmuster entstehen lassen. Ähnlich wie beim Joghurt gibt es rechtsdrehende und linksdrehende (bzw. gekreuzte) Zöpfe. Wir erklären Ihnen hier beide Varianten. Im Vorbild stricken wir einen Zopf aus 4 Maschen, aber Sie können die Maschenanzahl natürlich beliebig an die gewünschte Zopfbreite anpassen. Wie bereits in den Kapiteln mit Zopfmustern erwähnt: Die Anleitungsvideos über die QR-Codes haben den Vorteil, dass Sie sich den ganzen Ablauf des Zopfmuster-Strickens anschauen können. Wir empfehlen Ihnen, nach dem Lesen des Textes schnell mal dort reinzuschauen!

Vier-Maschen-Zöpfe nach rechts gekreuzt

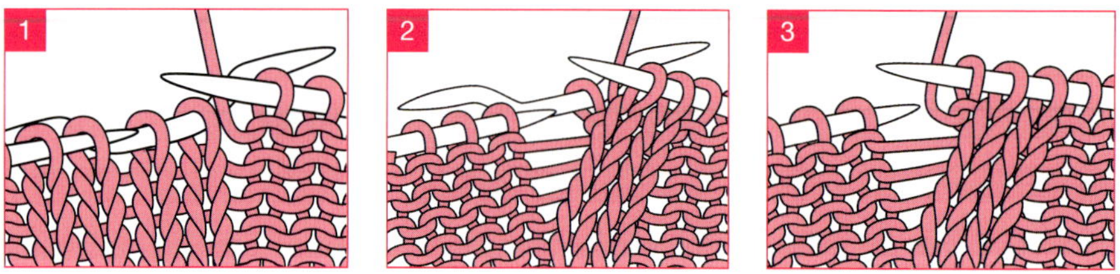

1. Bis zu der Stelle stricken, an der der Zopf entstehen soll. Die nächsten zwei Maschen von der linken Nadel auf die Zopfnadel gleiten lassen. Die Zopfnadel hinter die Strickarbeit legen.
2. Die nächsten zwei Maschen auf der linken Nadel stricken, die Zopfnadel mit den zwei stillgelegten Maschen bleibt dabei hinter der Strickarbeit liegen.
3. Jetzt die beiden Maschen von der Zopfnadel stricken und nach Muster weiterstricken.

Vier-Maschen-Zöpfe nach links gekreuzt

Dieses Zopfmuster wird eigentlich genau wie das vorige gestrickt, es gibt nur einen kleinen Unterschied: Die Zopfnadel mit den Maschen wird vor die Strickarbeit gelegt statt dahinter.

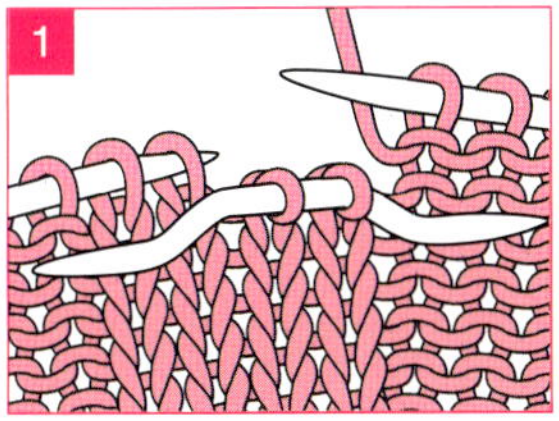

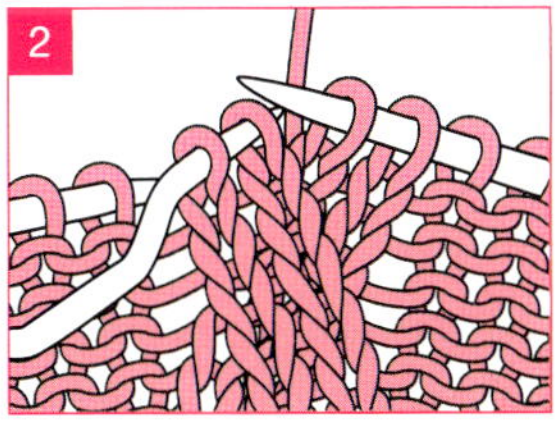

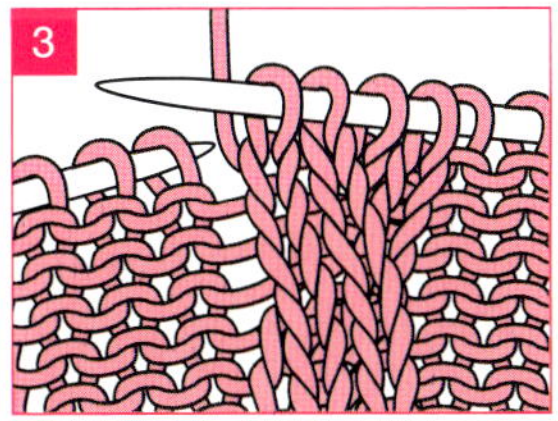

1. Bis zu der Stelle stricken, an der der Zopf entstehen soll. Die nächsten zwei Maschen von der linken Nadel auf die Zopfnadel gleiten lassen. Die Zopfnadel vor die Strickarbeit legen.
2. Die nächsten zwei Maschen auf der linken Nadel stricken, die Zopfnadel mit den zwei stillgelegten Maschen bleibt dabei vor der Strickarbeit liegen.
3. Jetzt die beiden Maschen von der Zopfnadel stricken und nach Muster weiterstricken.

Wie bereits erwähnt können die Zöpfe in beliebiger Länge und Breite gestrickt werden, das gibt der Strickarbeit jeweils ein anderes Aussehen. Das Grundprinzip des Zopfmusters bleibt jedoch immer gleich.

Es gibt verschiedene Arten von Zopfnadeln. Wir empfehlen Ihnen eine dicke gebogene Nadel, damit die Maschen beim Stricken nicht so einfach von der Nadel rutschen können. Erfahrene Strickerinnen können eventuell auch eine dicke Bambus-Häkelnadel als Zopfnadel benützen.

Abketten

Sobald Ihre Strickarbeit die gewünschte Länge erreicht hat, kommt das Abketten an die Reihe. Dies hat eine Doppelfunktion: Erstens wird verhindert, dass Ihre Strickarbeit sich wieder auflöst, sobald die Nadeln herausgezogen werden, und zweitens entsteht ein schöner Rand. Das Abketten gleich auf der Stricknadel ist am Einfachsten.

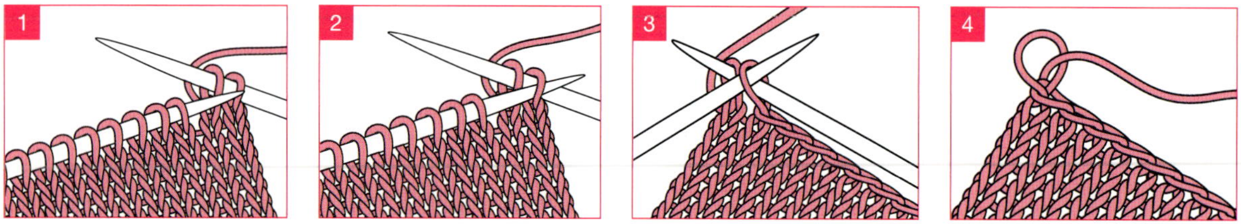

1. Die ersten zwei Maschen wie gewohnt stricken.
2. Die linke Nadel in die erste Masche auf der rechten Nadel einstechen, diese Masche über die zweite Masche ziehen und von der Nadel gleiten lassen. Auf der rechten Nadel befindet sich jetzt nur eine Masche.
3. Die nächste Masche auf der linken Nadel stricken und wieder die erste über die zweite Masche auf der rechten Nadel ziehen und abgleiten lassen. In dieser Weise fortfahren, bis nur noch eine Masche auf der linken Nadel übrig ist.
4. Den Faden abschneiden, das Fadenende durch die letzte Schlinge stecken und festziehen.

RIBBONXL
Hoooking good!

GRUNDLAGEN DES HÄKELNS

Anfangsschlinge

Luftmasche

Beim Häkeln fängt man immer mit einer Reihe Luftmaschen an. Diese Luftmaschen sind die Grundlage für die weitere Häkelarbeit.

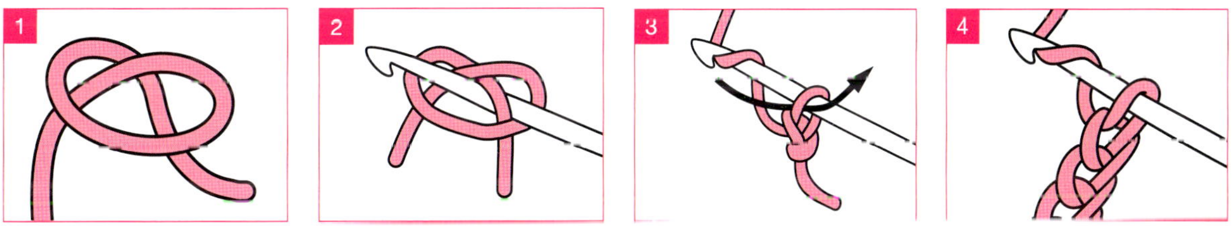

1. Eine Anfangsschlinge bilden.
2. Die Häkelnadel durch die Schlinge stechen.
3. Jetzt mit der Häkelnadel eine Fadenschlinge durch die erste Schlinge ziehen.
4. Diesen Vorgang so oft wiederholen, bis die Luftmaschenkette die gewünschte Länge erreicht hat. Dies ist die Grundlage für jede Häkelarbeit.

Feste Maschen

Feste Maschen sind einfach und eignen sich in Ihrer Häkelarbeit für alle möglichen Anwendungen. Sie gehören noch immer zu unseren Lieblingsmaschen.

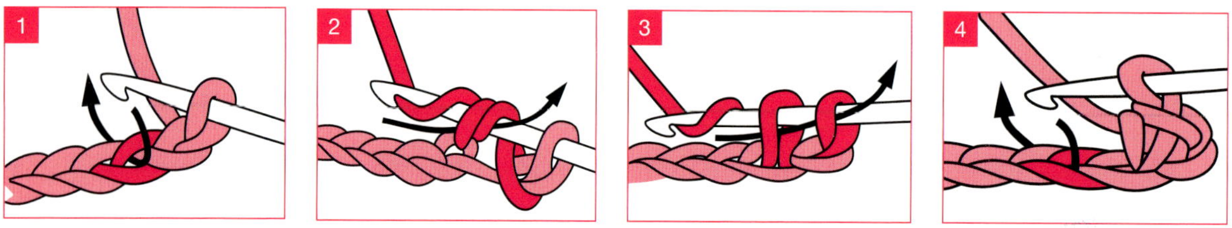

1. So häkeln Sie am Ende der Luftmaschenkette die erste Reihe mit festen Maschen: Die Häkelnadel in die zweite Schlinge einstechen.
2. Den Faden mit der Häkelnadel durch die Schlinge ziehen. Auf der Häkelnadel befinden sich jetzt zwei Schlingen.
3. Wenn Sie zwei Schlingen auf der Nadel haben, den Faden um die Nadel legen und durch die zwei anderen Schlingen ziehen.
4. Sie haben Ihre erste feste Masche gehäkelt! Jetzt in die nächste Luftmasche auf dieselbe Weise eine weitere feste Masche häkeln.

Kettmaschen

Kettmaschen werden benutzt, wenn Sie Ihre Häkelarbeit beenden oder zwei verschiedene Häkelteile miteinander verbinden wollen. Bei einer Kettmasche wird die Häkelnadel in die Schlinge gesteckt, der Faden einmal umgeschlagen und in einem Durchgang durch beide Schlingen auf der Nadel gezogen.

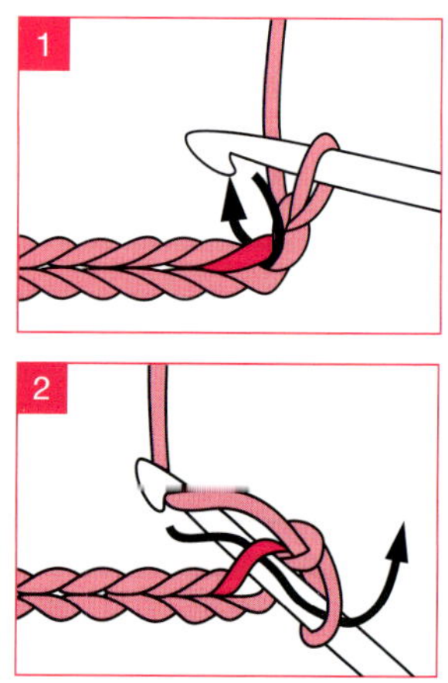

Stäbchen

Mit Stäbchen erzielen Sie schnelle Fortschritte. Sie gehören zu den Grundmaschen und eignen sich gut für ein größeres Häkelprojekt, z.B. Sitzkissen, Plaid, Kissen.

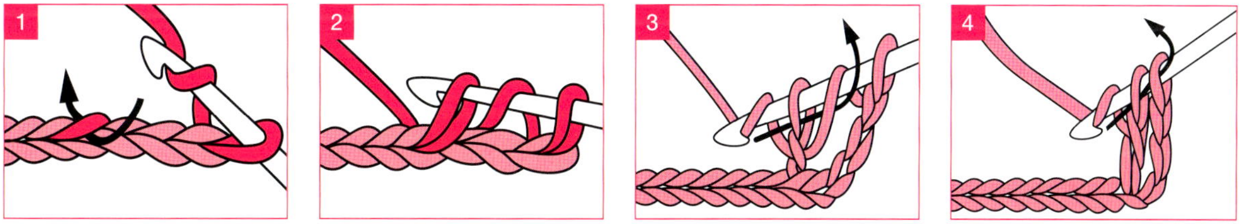

1. Zuerst den Faden einmal um die Häkelnadel schlingen. In die vierte Luftmasche ab Häkelnadel einstechen und den Faden durchziehen.
2. Auf der Häkelnadel befinden sich jetzt drei Schlingen.
3. Nun den Faden durch die ersten beiden Schlingen ziehen.
4. Den Faden erneut um die Nadel schlingen und durch die letzten beiden Schlingen ziehen.

Die Höhe dieser Grundmaschen ist unterschiedlich und somit auch die Anzahl der Wendeluftmaschen, die am Ende der Reihe gehäkelt werden müssen, damit die Höhe am Anfang der neuen Reihe auch stimmt.

Feste Maschen:	**1 Wendeluftmasche**
Halbes Stäbchen:	**2 Wendeluftmaschen**
Stäbchen:	**3 Wendeluftmaschen**

Halbes Stäbchen

Das halbe Stäbchen ist eine kleinere Ausgabe des Stäbchens.

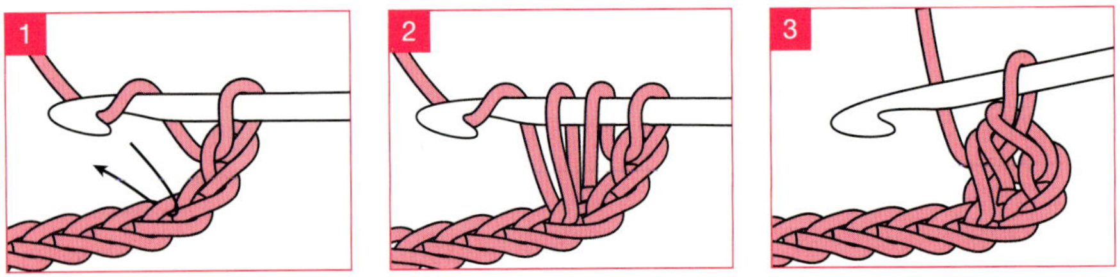

1. Einmal umschlagen und einstechen.
2. Erneut umschlagen und den Faden durch die Luftmasche ziehen: Es befinden sich jetzt drei Schlingen auf der Häkelnadel.
3. Den Faden um die Häkelnadel legen und in einem Durchgang durch die drei Schlingen auf der Häkelnadel ziehen.

Magic Ring

In den Hoooked-Büchern haben wir bereits erklärt, wie man aus einer Kette von 5 Luftmaschen einen Ring häkelt. Der magische Ring ist jedoch eine praktische Ergänzung und bietet die Möglichkeit eines blinden Verschlusses in der Mitte Ihres Rings.

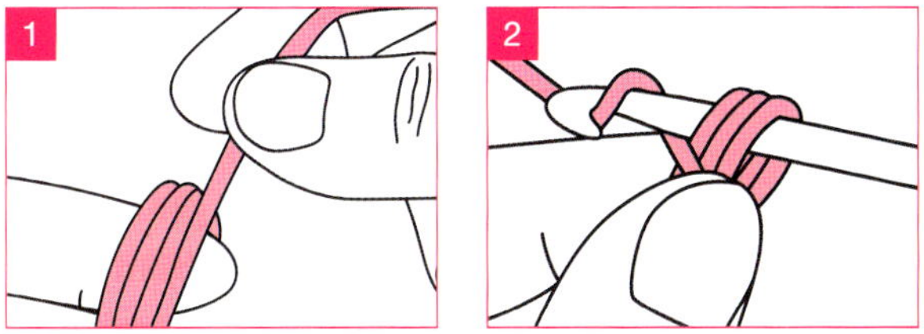

1. Den Faden um die Finger schlingen und die Häkelnadel durch diese Schlaufe stechen.
2. Mit einer halben festen Masche diesen Kreis schließen und die benötigte Anzahl Maschen in den Ring häkeln.

Sobald die benötigte Maschenanzahl gehäkelt ist, kann der Ring ganz einfach geschlossen werden, indem Sie behutsam an dem kurzen Fadenende ziehen. Die Öffnung schließt sich auf wundersame Weise. Über den QR-Code können Sie sich ein Video auf unserem YouTube-Kanal ansehen, in dem diese Technik schrittweise gezeigt wird.

Gitter

In diesem Buch kommt ein Gittermuster vor als Grundlage für das sogenannte psychedelische Kissen. Auf die Gitterunterlage werden verschiedene Farben gehäkelt. Bitte achten Sie darauf, dass Sie für ein Gitter beim Anschlag der Luftmaschenkette die richtige Maschenanzahl anschlagen, da es sonst nicht reicht und Sie dann wieder von vorne anfangen müssen.

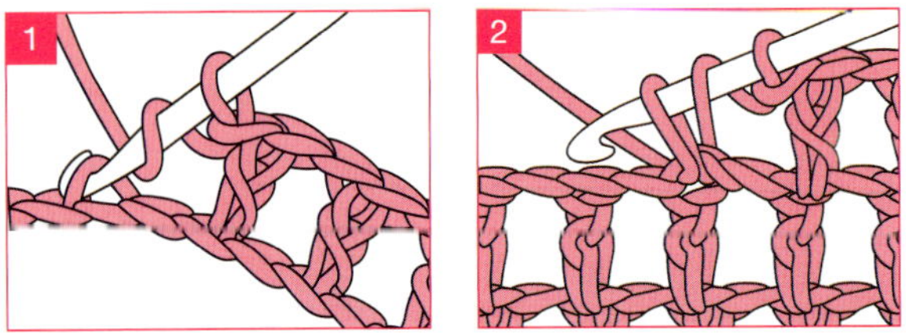

1. Auf der Luftmaschenkette ein Stäbchen in die gewünschte Luftmasche häkeln.
2. Die Häkelnadel bitte in die richtige Stelle einstechen, damit das Gitter schön gleichmäßig wird. Die Häkelnadel von oben in jede Masche der Vorreihe einstechen. Zwischen den Maschen immer die Anzahl Luftmaschen häkeln, die zur Überbrückung bis zur nächsten Einstichstelle nötig ist.

Bei einem Häkelgitter ist es sehr wichtig, dass Sie konsequent arbeiten und die Maschen immer ganz genau zählen, damit alle Gitteröffnungen gleich groß werden.

Büschelmaschen mit RibbonXL

Eigentlich ist diese Bezeichnung für ein Häkelmuster ein bisschen merkwürdig und klingt im Englischen auch nicht viel besser (puff stitch). Diese Häkelmaschen bewirken aber eine schöne volle Textur mit hohem Kuschelfaktor. Eine Büschelmasche besteht aus 3 oder mehr Schlingen, die in dieselbe Masche gehäkelt werden. Diese Maschen eignen sich besonders für Wohnaccessoires, z.B. Kissen und Sitzkissen. Allerdings ist dieses Muster nicht besonders sparsam im Verbrauch, da unsere Büschel mit ihren 5 Schlingen mehr Material benötigen. Das Resultat lohnt sich aber wirklich.

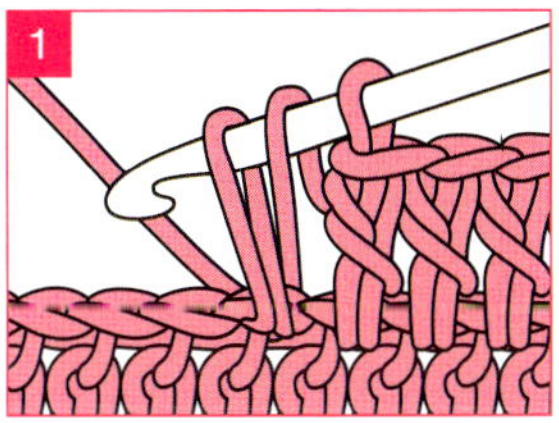

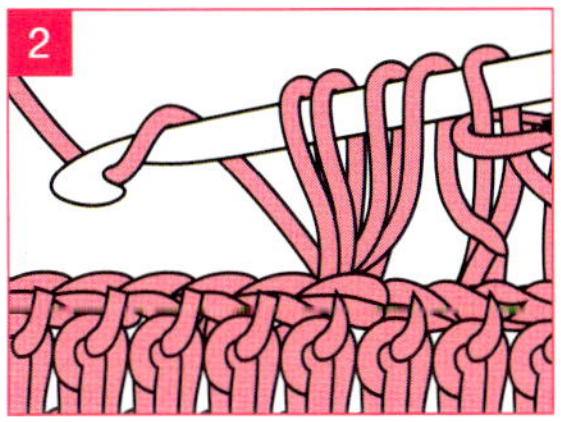

1. Den Faden einmal umschlagen und die Nadel in die Masche einstechen, wieder umschlagen und den Umschlag durch die Masche ziehen, so dass sich jetzt 3 Schlingen auf der Häkelnadel befinden.
2. Auf der Nadel einen weiteren Umschlag machen und in dieselbe Stelle einstechen, wieder umschlagen und durchziehen. Es befinden sich jetzt 5 Schlingen auf der Häkelnadel. Erneut umschlagen und diesen Umschlag durch alle Schlingen auf der Nadel ziehen.

Meistens haben Büschelmaschen bis zu sieben Schlingen und eignen sich dadurch ausgezeichnet für feines Häkelgarn. Mit RibbonXL würde das aber zu grob aussehen und außerdem viel zu viel kosten. Wir haben uns deshalb für eine „schlankere Version" entschieden.

RIBBONXL
Hooking good!

Noppen

Das Tolle am Häkeln ist, dass man schon mit einer einfachen Häkelnadel, etwas Garn und ein bisschen Übung die fantastischsten Formen und Strukturen herstellen kann. Für diejenigen, die bereits die Grundlagen beherrschen und sich an eine neue Herausforderung wagen möchten, sind Noppen sehr geeignet. Mit diesen Maschen erhält man ein voluminöses Relief, das nicht nur sehr schön aussieht, sondern sich auch äußerst angenehm anfühlt. Noppen sind im Grunde mehrere Maschen, die in eine Masche eingestochen werden und dann zusammengehäkelt werden. Es ist keine sparsame Masche: wie bei der Büschelmasche wird dafür um einiges mehr Garn verbraucht. Ihre Häkelarbeit bekommt durch Noppen aber eine sehr ausgeprägte Struktur und fühlt sich dadurch kuschelig an.

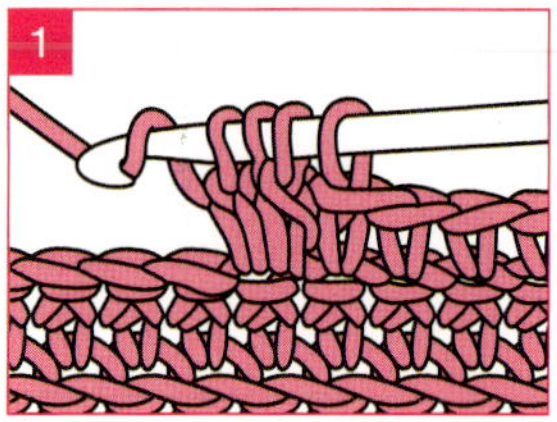

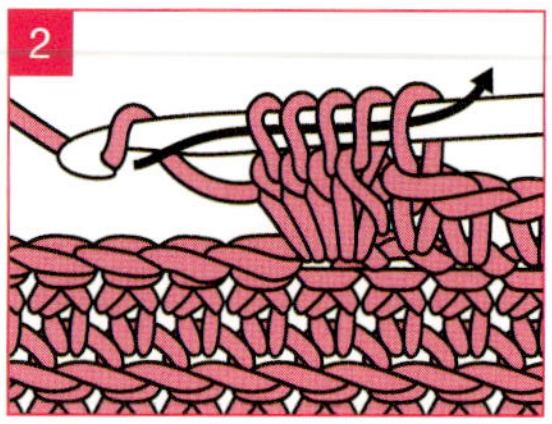

1. Die Häkelarbeit wenden, so dass die Rückseite vorne liegt. Jetzt 3 unvollständige Maschen (Stäbchen) häkeln, wobei die letzte Schlinge immer auf der Nadel liegen bleibt. Es befinden sich jetzt 4 Schlingen auf der Häkelnadel.
2. In dieselbe Masche ein weiteres unvollständiges Stäbchen häkeln und dabei auch die letzte Schlinge auf der Nadel liegen lassen. Auf der Häkelnadel befinden sich jetzt also 5 Schlingen. Einen Umschlag machen und diesen durch alle Schlingen auf der Häkelnadel ziehen. Die Noppe auf der Vorderseite der Häkelarbeit etwas herausdrücken.

Wie auch bei der Büschelmasche haben wir uns für eine einfachere Ausgabe der Noppe entschieden, weil die gebräuchliche Noppe (wegen der hohen Anzahl unvollständiger Maschen auf der Häkelnadel) mit RibbonXL zu grob werden würde. Im Muster auf Seite 32 haben wir abwechselnd eine Noppe und eine feste Masche gehäkelt.

Schlingen

Die Schlingen benötigen Sie für das Umschlagtuch auf Seite 28. Mit den Schlingen können Sie Ihre Häkelarbeit schnell mit einem dekorativen und schwungvollen Rand versehen. Benutzen Sie dabei eine Leiste o.ä., damit alle Schlingen gleich groß werden.

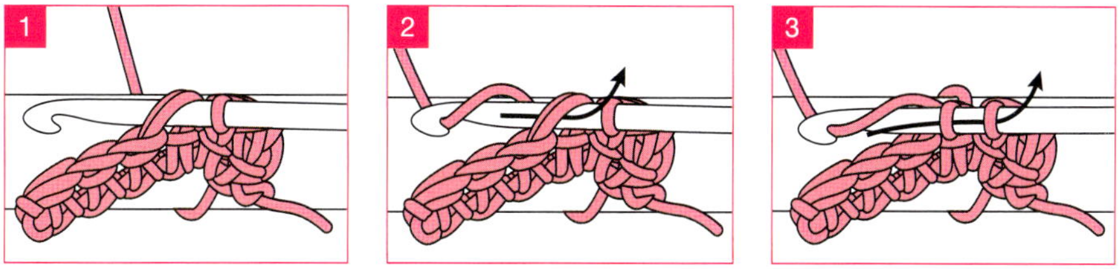

1. Die Häkelnadel in die nächste Masche einstechen und den Faden um die Leiste wickeln.
2. Einen Umschlag machen und den Faden durch die erste Maschenschlaufe auf der Nadel ziehen.
3. Nochmal umschlagen und den Umschlag durch beide Schlaufen ziehen. Diesen Vorgang bis zum Reihenende wiederholen.

Sternmuster

Der Sternstich (star stitch) ist recht unbekannt und wird in modernen Häkelprojekten wenig angewandt. Eigentlich schade, denn diese Maschen geben Ihrer Häkelarbeit sehr attraktive geometrische Akzente. Obwohl das Erlernen diese Technik zugegebenermaßen für Häkelanfänger nicht ganz einfach ist, lohnt sich die Mühe aufgrund der raffinierten Ausstrahlung auf alle Fälle.
Weil dieses Muster so besonders ist, haben wir uns dafür entschieden, es bei relativ einfachen Modellen (Seiten 39 und 41) anzuwenden: Ihre fünf-Sterne-Häkelarbeit bekommt auf diese Weise die Aufmerksamkeit, die ihr zusteht!

1. Eine Luftmaschenkette anschlagen und in der nächsten Reihe die Maschen auf der Nadel liegen lassen.
2. Sobald sich 6 Schlingen auf der Häkelnadel befinden, den Faden einmal um die Nadel umschlagen und durch alle Schlingen ziehen.
3. Einen Umschlag machen und durch die Schlinge auf der Nadel ziehen.
4. Nadel in die große Öffnung einstechen, einmal umschlagen und den Umschlag auf der Nadel liegen lassen.
5. In die nächste Schlinge einstechen, wieder einen Umschlag machen und auf der Nadel liegen lassen.
6. Mit dem Einstechen und Durchziehen weitermachen, dabei die Schlingen immer auf der Nadel liegenlassen, bis wieder insgesamt 6 Schlingen auf der Häkelnadel sind. Jetzt einen Umschlag machen und diesen durch alle Schlingen hindurchziehen.
7. Einen Umschlag machen und durch die Schlinge auf der Nadel ziehen.
8. Den Vorgang ab Schritt 4 bis zum Reihenende wiederholen. Die Reihe wird mit einem halben Stäbchen beendet.
9. Am Anfang der zweiten Reihe 2 Luftmaschen häkeln.
10. Jeweils zwei halbe Stäbchen in jede große Öffnung häkeln.
11. Das letzte halbe Stäbchen in der Reihe in die oberste Schlinge der Seite häkeln.
12. Jetzt 3 Luftmaschen häkeln, Arbeit wenden und wieder mit den Schlingen (siehe Schritt 2) weitermachen.

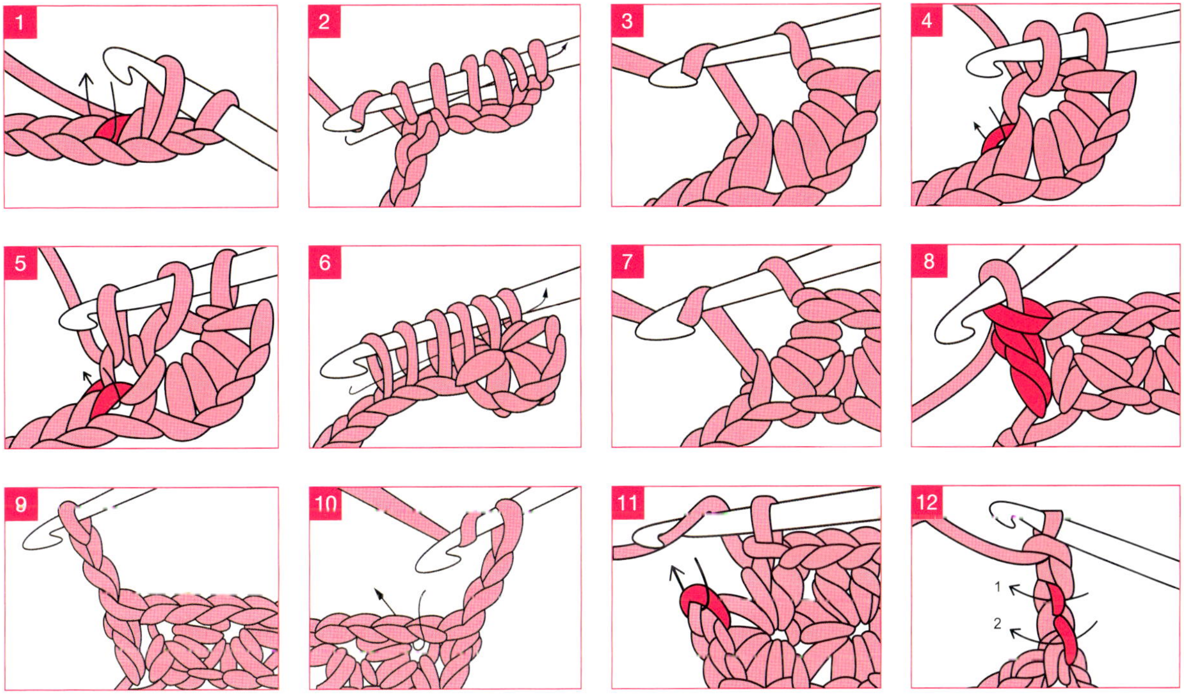

Eigentlich ist der Sternstich nicht so schwierig, es sind allerdings ziemlich viele verschiedene Schritte dafür nötig. Es ist daher wichtig, sich dabei gut zu konzentrieren. Achtung: Das Sternmuster wird nicht in einer, sondern in zwei Reihen gehäkelt.

HERSTELLERNACHWEIS

Wir danken Trendshop Loods 5 in Sliedrecht und Zaandam für die Zurverfügungstellung Ihres Möbelangebotes für unsere Interieur-Fotos. Weitere Informationen und Öffnungszeiten siehe www.loods5.nl.

Seite 18: Runder Stuhl mit Stahlfüßen, Comm. Walnut.
Seite 18: Zeitschriftenständer aus Filz, Khanchi.
Seite 18: Teppich aus Lederstreifen, Mira.
Seite 40: Weißer Garderobenhaken aus Gusseisen, Countryfield.

RibbonXL wurde von Hoooked BV entwickelt. Aktuelle Verkaufsadressen finden Sie auf der Website www.hoooked.de.

Bereits bei Hoooked erschienen: